문장
文章

1

최인호 수상록
문득 소리 1

초판 1쇄 발행 2006년 1월 12일
　　4쇄 발행 2006년 2월 23일
글 | 최인호
그림 | 이보름
발행인 | 김원태
편집인 | 김우연
기획 | 함명춘
펴낸 곳 | 랜덤하우스중앙
주소 | 서울시 중구 정동 34-5 배재빌딩 B동 6층
편집팀 전화 | 02-3705-0120
판매팀 전화 | 02-2000-6214
찍은 곳 | 미래프린팅
등록 | 2004년 1월 15일 제 2-3726호
가격 | 8,500원
ISBN 89-5986-311-4(04810)
ISBN 89-5986-310-6(set)

*이 책은 랜덤하우스중앙이 저작권자와의 계약에 따라
　발행한 것이므로, 본사의 서면 동의 없이는 어떠한 형태나
　수단으로도 이 책의 내용을 이용하지 못합니다.
*파본은 바꾸어 드립니다.

최인호 수상록

문장
文章

1

Random
House
Joongang

작가의 말

※

무언가를 배우기 위해서는 자신의 마음의 문을 열어놓지 않으면 안 된다. 뜨락에 내놓은 독도 비어 있어야 오가던 소나기가 그 독에 빗물을 채울 수 있을 것이다. 마음을 비우지 않으면 배움을 채울 수 없다.

그러나 이 책은 누군가를 가르치려고 쓴 것이 아니다. 내 자신을 비우기 위한, 나를 겸허하게 돌아보는 마음으로 써 내려간, 문장文章이다.

삶의 한 귀퉁이를 접었다 펴는 심정으로, 지나왔던 여정을 돌아보며 또한 다가 올 모든 것을 긍정하며, 이 책을 통해 나는 나의 좌표를 찾아보았던 것이다.

글 을 쓰 는 내 내 부 끄 러 우 면 서 도 행 복 했 다.

2006년 1월
최인호

차례

자신을 알아가는 지혜

살아 있음의 의미 11 우리의 인생은 일기예보 12 침묵보다 더 어려운 것 13 마음 밖에서 찾지 말아야 한다 14 바다는 우리의 인생 17 헛된 집착에 대해 18 하느님께 앙갚음한 사나이 25 비밀의 주인은 죄 28 두 얼굴 두 마음 30 활달한 걸음걸이 34 열등의식 36 매화의 향기 39 실컷 빠져버려야 한다 40 우리는 세상에 초대받은 손님이다 41 최고의 명약 42 너무나 가까운 장소 44 헛된 집착 46 성전을 허물어라 48 스님들의 곧은 허리 53 우정에 관하여 54 몸은 상처에 불과하다 57 사랑? 사탕? 60 그저 잊혀지기를 61 마음이 듣는 소리 62 사유하는 자가 아름답다 64 자화상 66 하루 종일 개미를 관찰하다 68 천국의 눈물 71 솔직한 사람 74 사랑 혹은 에로스 75 부끄러움 79 자기 자신마저 미워하라 80 어리석은 마음의 위안 82 보이지 않는 적 84 개성을 만드는 것 86 메멘토 모리 87 스무고개 89 생각하는 갈대 90 머릿속에서 지워버리라 92 끼 93 참회록 94 조용한 노인 97 잊혀지는 죽음 100 허물로서 벗을 육신 102 내일의 푸른 지팡이 104

세상을 바라보는 지혜

빛은 어둠 속에서 더 빛난다 108   암호문 '로즈버드' 109   특별한 관광 112   최고의 은총 114   불가사의한 요소 115   무지개 117   뛰어난 영혼 120   이방인 122   고통의 영광 124   고뇌하는 남자 127   고도를 기다리며 132   거짓 평화 136   에밀레종 138   더 깊은 청산 142   다가올 모든 것을 긍정합니다 144   단순함 145   느리게, 빠르게, 그러나 지나치지 않게 146   보지 말아라 148   기계 공포증 149   아, 젊은 날의 초상 150   기쁨은 작은 일에도 감사하는 마음 151   노인과 청년의 차이 153   활자 중독 154   인연 155   난장이가 쏘아 올린 작은 공 157   가짜 목걸이 160   실낙원 164   책 속의 길 168   거품이며 바람인 것 174   디즈렐리와 매리인 178   거짓 사랑 180   영혼의 집 182   지옥에 머물라 184   용서의 전문가 186   제 목숨을 잃는 사람은 살 것이다 188   법삼장 191

자신을 알아가는 지혜

*

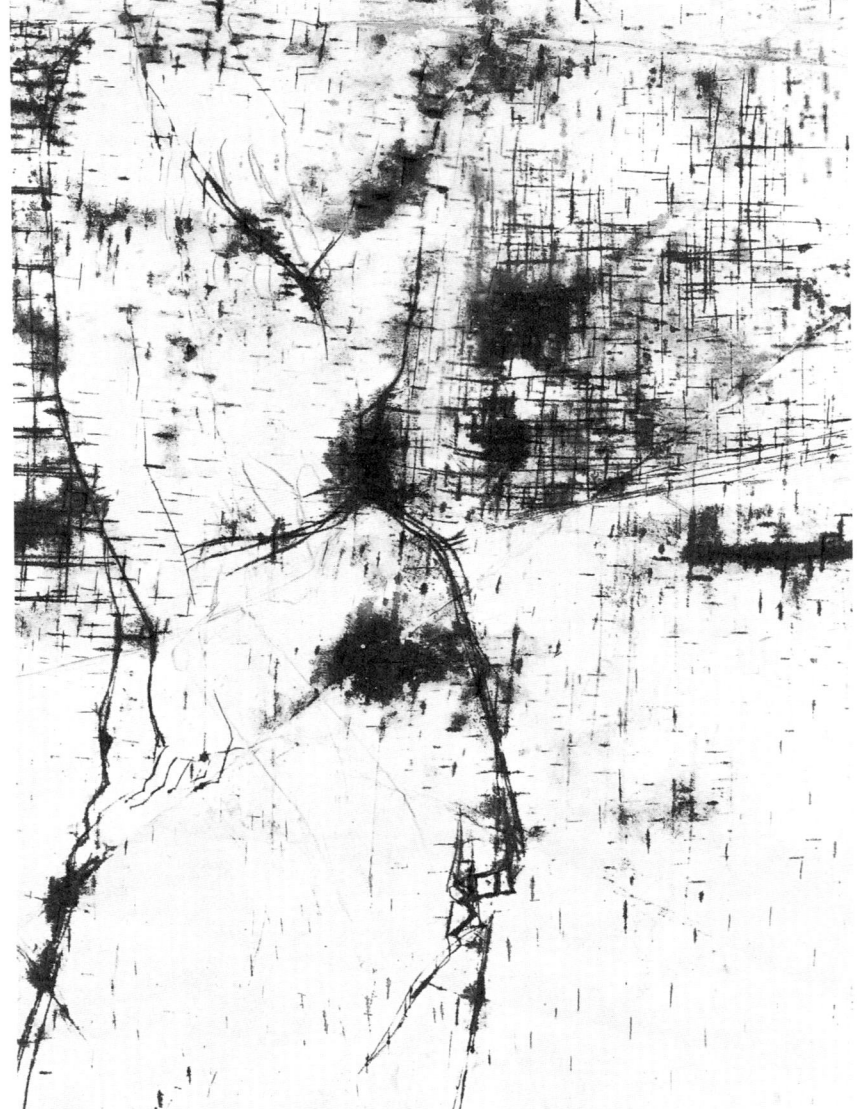

살아 있음의 의미

살아 있음은 초가을 황혼 무렵 풀을 스치는 바람 소리 같은 것. 조용히 귀 기울이면 들을 수 있다. 풀과 풀이 엮는 풍금 소리를.

잠시 바람이 머물다 간 자리에 우리들이 살아서 속삭이며, 악수를 하고, 노래를 하고, 춤을 추고 있다. 우리도 언젠가는 떠날 것이다. 바람이 불면 잠시 누웠다 일어서는 풀처럼.

*

우리의 인생은 일기예보

인생은 일기예보와 같다.

수십억의 인간들이 모여서 제 나름대로의 인생을 살고 있다지만 결국 기쁘고 슬프고, 행복하고 불행한 그 두 가지 감성의 교차에 지나지 않는다. 궂은 날이 있으면 맑은 날이 있듯이, 그 어떤 불행한 사람에게도 반드시 행복한 때가 다가오기 마련이다.

그러므로 오늘 날씨가 바람 불고 비가 온다고 해서 지나치게 근심하거나 슬퍼할 필요도 없으며, 오늘 날씨가 쾌청하고 구름 한 점 없이 맑다고 해서 우산이나 비옷을 없애서도 안 될 것이다.

*

침묵보다 더 어려운 것

침묵이 어려운 것은 아니다. 말을 하되, 하지 말아야 할 말을 하지 않는 것이 더 어려운 것이다. 문을 걸어 잠그고 깊은 산 속에 숨어 있는 것보다 사람들 속에서 함께 어울리되 물들지 않음이 더 어려운 일이다.

깊은 산 속에 있으면서도 그의 마음이 번잡하다면, 그는 비록 산 속에 있으나 실은 장터에 나와 앉아 있는 것과 무엇이 다르겠는가.

*

마음 밖에서 찾지 말아야 한다

지눌 보조 스님은 우리 나라가 낳은 고려 불교의 뛰어난 스승이다. 마음을 닦는 것이 곧 부처가 되는 길이라고 말한 그는, 『수심결修心訣』이라는 명저를 남겼다. 수심결에서 보조 국사는 다음과 같이 말하고 있다.

"삼계의 뜨거운 번뇌가 마치 불타는 집과 같은데 어찌하여 그대로 머물러 긴 고통을 달게 받을 것인가. 윤회를 벗어나려면 부처를 찾는 것보다 더한 것이 없다. 부처란 곧 마음인데 이 마음을 어찌 먼 데서 찾으려고 하는가. 마음은 이 몸을 떠나 따로 있는 것이 아니다……. 과거의 모든 부처님들도 이 마음을 밝힌 분들이고, 현재의 모든 성현들도 마음을 닦은 분들이며, 미래에 배울 사람들 또한 이 법에 의지해야 할 것이다. 그러므로 수행하는 사람들은 결코 마음 밖에서 부처를 찾지 말 일이다."

지눌知訥 보조普照(1158~1210) _한국 불교의 최대 종파인 조계종을 창시한 인물이다. 당시 고려는 무신들의 권력 다툼으로 나라 안팎이 혼란스러운 상태였다. 지눌은 '마음이 곧 부처'라는 사상을 내세워 초심으로 돌아가자고 설파하여 불교쇄신 운동에 앞장섰다. 지눌의 조계종은 의천의 천태종과 함께 고려 불교의 양대 산맥으로 현재까지 이어져 내려오고 있다.

삼계三界 _불교의 세계관에서 말하는 세 가지 세계. 욕계欲界·색계色界·무색계無色界를 말한다. 욕계는 맨 아래 단계의 세계로 욕망의 세계를 말한다. 색계는 욕계 위에 있으며 여기에는 물질적인 것[色]은 있으나 욕망이 없는 맑은 세계이다. 무색계는 물질적인 것조차 없어진 순수한 정신의 세계이다.

바다는 우리의 인생

바다가 우리의 인생이라면, 대륙은 목표로 하는 우리의 꿈이다.

한창 밀물이 밀려들 때는 바닷물이 곧 대륙을 집어삼킬 것 같지만 결국 대륙의 기슭을 핥는 것에 지나지 않는다. 또한 한창 썰물이 빠져나갈 때는 바다가 곧 다 마를 것 같아도, 바다의 수위가 조금도 달라지지 않는 선에서 물의 흐름은 멈추게 된다.

우리의 인생도 마찬가지이다. 욕망으로 불타오를 때는 거센 태풍에 금방이라도 침몰되어 버릴 것 같지만, 고작 대륙의 기슭을 강타하는 것에 지나지 않는다.

*

헛된 집착에 대해

윌리엄 포크너는 미국이 낳은 위대한 작가이다. 1949년 노벨 문학상을 받은 그는 미시시피 주에서 태어나 평생을 미국 남부의 사회적 변혁의 모습을 소설로 형상화시켰던 독특한 소설가이다. 대표적인 작품으로 남부 귀족 출신의 몰락을 그린 『음향과 분노』가 있다. 그리고 미국 남부 사회의 모습을 우화적으로 다룬 단편집 『곰』에 실린 짧은 단편 「에밀리에게 장미를」이라는 걸작이 있다.

미국 남부 소도시에 에밀리라는 여인이 살고 있었다. 그녀는 평생을 독신으로 지냈으며, 괴팍한 성격으로 마을 주민과 어울리지 않던 여인이었다. 서른 살이 되도록 결혼을 하지 않은 노처녀 에밀리는 어느 날 떠돌이 십장인 베론을 만나 그와 사랑을 하게 된다. 마을 사람들은 에밀리 같은 귀족 여인이 떠돌이 상놈과 어울려 다니는 것은 마을 전체에 대한 불

명예라고 수군거렸다. 그러던 중 베론이 에밀리를 배신하고 도망쳐 버리자 에밀리는 문을 걸어 잠그고 늙어 죽을 때까지 평생을 집 안에서 숨어 지내게 된다. 마침내 에밀리가 죽자 마을 사람들은 수십 년 동안 열린 적 없는 그녀의 집을 방문했다. 그때 사람들은 굳게 닫힌 방 하나를 발견한다. 사람들이 그 수수께끼의 방문을 부수고 안으로 들어갔고, 침대 위에는 30년 전에 죽은 베론의 시신이 두 사람이 사랑을 나누는 포옹의 자세로 백골이 되어 누워 있는 것이 아닌가. 에밀리는 자신을 배신하고 떠나려는 베론을 독살하고 그의 시신을 평생 동안 침대 위에 뉘어놓고 그의 베개 옆에서 사랑을 나눴던 것이다.

우리가 날마다 하는 맹세, 결심, 다짐들은 다 무엇인가. 어쩌면 우리 스스로 자신을 옭아매는 욕심은 아닌가 생각해 볼 일이다. 맹세와 약속은 한갓 들에 핀 풀 포기와 같은 것이다.
*

윌리엄 포크너 William Faulkner(1897~1962) _소설가. 1949년 노벨 문학상을 수상했다. 미국 미시시피 주에서 태어났으며 헤밍웨이와 더불어 미국을 대표하는 소설가이다. 그의 소설은 20세기 미국 현대 소설을 대표하는 걸작으로 평가받고 있다. 지독한 가난을 견디며 작품을 썼고 노벨상 수상 이후에도 자기 몸을 돌보지 않다가 1962년 세상을 떠났다. 대표작으로 『8월의 햇빛』, 『압살롬, 압살롬』, 『무덤의 침입자』, 『읍내』, 『저택』, 『곰』 등이 있다.

하느님께 앙갚음한 사나이

존 그린 한닝은 1849년 1월 12일 미국 켄터키 주에서 태어났다. 그는 어렸을 때부터 불 같은 성격을 지닌 소년이었다. 싸움을 좋아하고 반드시 앙갚음을 하는 거친 성격을 가지고 있었다.

열여섯 살 되던 해 아버지와 싸운 그는 '앙갚음하겠다'는 복수심으로 아버지의 담배창고에 불을 지르고 가출한다. 그는 리오그란데로 도망쳐 그곳에서 오랫동안 카우보이 생활로 거친 서부의 사나이가 되었다. 9년 만에 집으로 돌아온 그는 메리라는 여인에게 매혹되어 약혼한다. 그러나 메리로부터 자신의 남편 될 사람은 반드시 진실한 가톨릭 신자여야 한다는 말을 들은 그는 서른여섯 살의 늦은 나이에 트라피스트 수도원에 입회한다.

수도원 생활도 불 같은 존 그린 한닝의 성격을 바꿀 수는 없었다. 메리 요아킴 수사로 이름을 바꾼 그는 어느 날 자기를 괴롭히는 수사를 향해 건초 갈퀴를 휘둘러 앙갚음을 하기도 하고, 다른 날은 설거지를 하다가 깬 접시 값을 보상하라는 수도원장을 향해 덤벼들기도 한다. 그러다가 마흔 살이 되던 어느 날, 수염을 깎고 있는 그에게 수도원장이 "자네는 거만해. 언제쯤 겸손을 배울 것인가" 하고 비난하자 면도칼을 휘두르며 수도원장을 향해 "왼쪽 귀에서 오른쪽 귀까지 베어버리겠다"고 난동을 부린다. 그러나 그는 곧 수도원장을 찾아가 무릎을 꿇고서 "죄송합니다. 그리고 부끄럽습니다. 저의 기질, 저의 오만, 격렬한 피가 저를 망치고 말았습니다"라고 하며 용서를 빈다. 그는 거칠고 교만한 성격을 주신 하느님이야말로 앙갚음해야 할 최고의 대상임을 깨닫고, 하느님께 앙갚음하기로 결심한다. 그 앙갚음은 한닝 스스로 불 같은 성격을 버리고 한없이 겸손해지는 것이었다.

그리하여 카우보이 존 그린 한닝은 1908년 4월 30일, 세상에서 가장 겸손하고 가장 온순한 성인의 모습으로 눈을 감았다.
*

비밀의 주인은 죄

진주조개가 입을 열고 호흡을 하다가 바다 속 모래 한 알을 삼켰을 때, 살 속으로 파고든 모래알을 녹이고 껴안음으로써 찬란한 진주를 잉태하듯, 사람들은 비밀을 간직함으로써 마음속에서 찬란한 진주를 얻을 수 있다고 믿는다. 하지만 우리가 마음속에 묻어둬야 하는 것은 고통의 모래알이지 비밀의 모래알이 아니다. 고통과 인내의 모래알은 우리 마음속에서 진주를 잉태하지만, 비밀은 덮어두면 덮어둘수록 썩고 부패할 뿐이다.

비밀의 주인은 죄다.

비밀에는 묵계가 따르고, 뇌물이 따르며, 협잡이 따른다. 비밀은 근본적으로 부끄러움을 동반하고, 수치를 요구하기 때문에 털어놓는 데 용기가 필요하다. 불안한 사람은 자기 마음속의 비밀을 고백해야 한다.

비밀을 그때그때 토해버리지 않으면 우리 영혼의 위장은 마침내 치명적인 암에 걸려버릴지도 모른다.

*

두 얼굴 두 마음

『지킬 박사와 하이드 씨』는 영국의 스티븐슨이 1886년에 쓴 특이한 소설이다. 학식이 높은 인격자인 지킬 박사는 선과 악의 모순된 이중성을 분리시킬 수 있다는 생각으로 약을 만들어 복용한 결과, 악마성을 지닌 하이드로 변신하게 된다. 마침내 하이드는 살인을 하고 쫓기다 체포되는 순간 자살하며 모든 사실을 유서로 고백한다.

이 소설은 영화로도 많이 만들어졌다. 그중에 명배우 스펜서 트레이시가 주인공으로 나오는, 꽤 오래전에 제작된 영화가 있다. 지킬 박사가 약을 먹고 악인 하이드로 변신하는 장면은 이 영화의 압권이다. 몇 겹의 얼굴이 빠른 속도로 겹쳐지며 변해가는 모습을 통해 인간이 지닌 이중인격을 날카롭게 묘사하고 있다.

우리 안에도 언제나 두 얼굴, 두 마음이 존재한다. 착한 아들 딸이고 싶은 마음과 내 마음대로 하고 싶은 마음, 공부를 열심히 하고 싶은 마음과 놀고 싶은 마음. 그래서 예부터 위대한 스승들은 마음을 다스릴 줄 아는 것이 중요하다고 가르쳐 온 것이다.

두 마음을 품고 있다는 것이 나쁜 것은 아니다. 그것을 다스리지 못하는 것이 나쁘다.

*

스티븐슨Robert Louis Balfour Stevenson(1850~1894) _소설가. 스코틀랜드 에든버러에서 태어났다. 1867년 공과대학에 입학했으나 적성에 맞지 않아 법과로 옮겨 1875년 변호사가 되었다. 1883년 『보물섬』의 출간으로 작가로서의 명성을 얻었고, 1886년 『지킬 박사와 하이드 씨』, 1989년 『밸런트래 경』 등 화제작을 잇달아 발표했다. 1888년 요양을 위해 남태평양의 사모아 섬으로 이주했는데 얼마 안 가서 뇌일혈로 죽었다.

활달한 걸음걸이

스님들의 걷는 모습을 유심히 바라본 적이 있다. 내가 본 스님들의 걸음걸이는 모두 활달했다. 그것은 규율에 익숙해진 육사생도의 절도 있는 걸음걸이와 달리 모두 제멋대로이면서도 거침이 없다. 두 팔을 앞뒤로 세차게 내저으며 걷는 걸음걸이는 매우 아름다웠다.

걸어가는 한 사람 한 사람 모두가 자신의 인생의 주인공들이다. 자기가 자신의 인생을 살면서 주인공이 되지 못하고, 조연이 되거나 엑스트라로 비참하게 인생을 마치게 되는 일이 얼마나 많은가.

사람들은 누구나 태어나는 순간부터 자신만이 겪고 자신만이 경험하는 독특한 무대 위의 배우가 된다. 그럼에도 불구하고 쾌락의 노예가 되거나 욕망의 지배를 받아 자신이 주인공이 되어야 할 무대 위에서 술을 주인공으로, 돈을 주인공으로, 권력을 주인공으로 내세우고 자신은 비참하게도 종 노릇 하는 조연으로, 말단배우로 전락해 버리고 만다.

우리가 언제 어디서나 활달하게 걷는다면 그 간단한 행동 하나만으로도 우리의 정신은 균형을 잡고 우리의 영혼은 바로 서게 될 것이다.

자신의 주인공인 내가 앉는데 어떻게 비스듬히 앉을 수 있으며, 자신의 주인공인 내가 걸어가는데 무엇이 거침이 있어 옆으로 걷고, 뒤로 걷고, 비틀거리거나 휘청거리며 걷겠는가.

열등의식

남보다 못하다고 느낄 때, 자꾸 숨길 것이 아니라 오히려 드러내 보이는 것이 낫다. 못생긴 이마를 가리기 위해 머리카락을 헝클어뜨려 이를 감출 것이 아니라 차라리 내보이고, 비쩍 마른 팔뚝을 가리기 위해 한여름에도 긴 소매의 와이셔츠를 입고 다닐 것이 아니라 오히려 소매를 걷어붙이는 쪽이 훨씬 낫다. 눈이 나쁜 것을 고민하는 사람은 그 시력을 숨기려고 할 것이 아니라, 솔직히 안경을 쓰고 다니는 편이 훨씬 현명한 일이다.

숨기려 하지 않고 오히려 떳떳하게 드러내 보일 때, 용기 있는 사람이 될 수 있다.

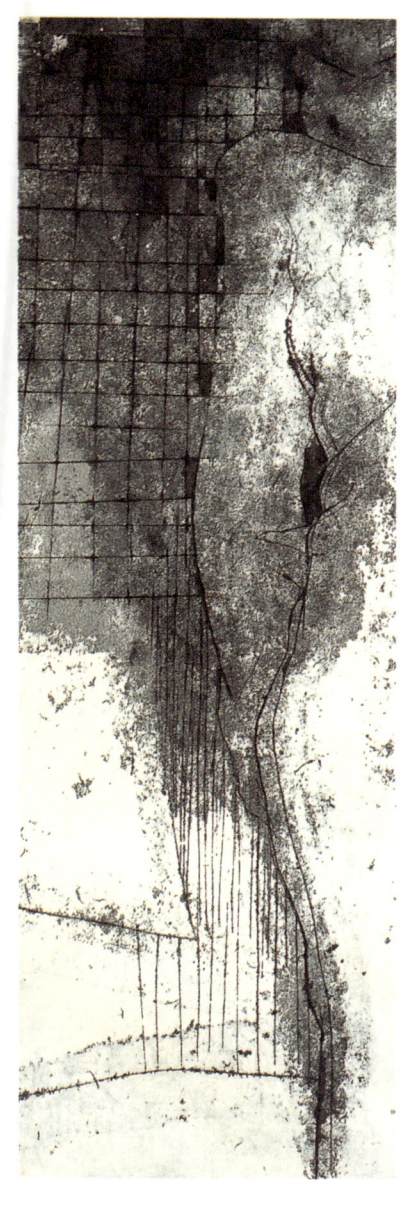

매화의 향기

깊은 산 속에 핀 매화일지라도 향기는 있게 마련이다. 매화의 향기는 숨길 수가 없다. 숨기려고 하면 할수록 매화의 향기는 온 산에 흘러넘칠 것이다.

실컷 빠져버려야 한다

오래전 중국의 선사 동산洞山에게 한 스님이 찾아와 다음과 같이 물었다.
"추위와 더위가 찾아오면 이를 어떻게 피해야 합니까?"
이에 동산은 다음과 같이 대답했다.
"추위와 더위가 없는 곳으로 가면 되지 않겠느냐."
그러자 그 스님이 다시 물었다.
"그렇다면 도대체 어디가 추위와 더위가 없는 곳입니까?"
이에 동산이 대답했다.
"추울 때 그대를 온전히 춥게 하고, 더울 때 그대를 온전히 덥게 하는 곳이다."

*

우리는 세상에 초대받은 손님이다

당신도 우리가 빈손으로 왔다가 빈손으로 간다고 생각하는가. 어쩌면 그럴 것이다. 아무것도 걸치지 않고 와서 아무것도 가져갈 수 없는 죽음을 향해 나아가는 길, 그 길이 인생이다. 어떤 종교에서는 다음 생을 위한 전생이라 이야기하고 어떤 종교에서는 천국으로 가기 위한 준비 단계라고 이야기한다. 하지만 그 어떤 경우라도 인생의 소중함은 자신만의 것이다. 세계와 대화할 수 있는 유일한 존재는 바로 '자신'이기 때문이다.

내 인생에서 오직 나만이 세상에 초대받은 유일한 손님이다.

*

최고의 명약

중·고등학교 시절 내가 제일 싫어했던 일은 부모님을 학교에 모시고 오라고 하는 것이었다. 마흔 가까운 나이에 나를 낳으신 어머니는 어머니라기보다는 할머니에 가까웠다. 다른 친구의 엄마들은 예쁘고 대부분 양장을 하고 있었는데, 엄마는 쪽 찐 머리에 회색 두루마기 차림이었다. 당시 어머니는 이빨이 몽땅 빠져 있어서 그것이 부끄러워 남들 앞에서 손바닥으로 입을 가리곤 했다. 틀니를 할 돈이 없었기 때문이었다.

중학교 3학년 때였던가. 교정을 걸어오는 어머니를 보자 나는 학교 뒷동산에 숨어버렸다. 한참 후, 담임 선생님에게 불려갔다.
"어머니가 다녀가셨다."
"뭐라고 하시던가요?"
"인호는 칭찬을 해주면 잘하는 아이라고 하시면서 칭찬을 많이 해주라고 하시더구나."
까막눈인 엄마가 어떻게 그렇게 내 마음을 꿰뚫어 보고 계셨을까. 나는 속으로 울었다.

자라나는 아이에게 '칭찬'이야말로 최고의 명약이다. 칭찬을 많이 받고 자란 아이는 밝고 따뜻한 마음을 갖게 된다. 칭찬은 부모에게도 좋은 것이어서 칭찬을 해줄 장점을 찾으려고 노력하는 동안, 부모의 마음도 저절로 활짝 열리게 된다.

*

너무나 가까운 장소

이런 종교적 우화가 있다.

하느님이 지상으로 내려와 자신의 존재를 감추고자 하셨다. 하느님은 인간이 쉽게 발견할 수 없는 곳에 숨기로 하셨다. 하느님은 바다 속에 숨을까 아니면 깊은 산 속에 숨을까 망설이다 마침내 인간이 발견하기 힘들어 할 만한 좋은 장소를 발견하셨다. 바로 인간의 마음속이었다.

인간은 하느님이 너무나 가까운 장소에 숨어 계셔 오히려 하느님을 찾지 못한다. 우리의 눈이 사물을 볼 수 있지만 눈 자체는 볼 수 없듯이. 우리의 칼이 무엇이든 벨 수 있지만 칼 자체는 벨 수 없듯이.

*

헛된 집착

일찍이 성욕에 괴로워하던 프란체스코는 눈밭을 뒹굴고 나서, 눈을 뭉쳐 아내와 자식들을 눈사람으로 만든 후 이렇게 말했다.

"저것이 너의 아내이고, 저것이 너의 아이들이다. 봐라, 그 가족들이 저처럼 녹아서 흔적도 없지 아니하지 않느냐."

우리의 인생은 단지 꿈에 지나지 않으며, 우리의 인생은 단지 눈으로 빚은 설인에 지나지 않는다.

성 프란체스코 St. Francesco(1181?~1226) _프란체스코회의 설립자. 이탈리아의 움브리아 지방 아시시에서 태어났다. 1202년 아시시와 페루자 사이에 전쟁이 일어나자 참전했다 포로가 되어 1년간 감옥 생활을 했다. 포로에서 풀려나 돌아온 후 하느님께 회개하고, 집을 떠나 수도원으로 들어가 나환자들을 돌보며 수도 생활을 시작했다. 1226년 죽어 성 조르조 성당에 안치되었다. 교황 그레고리우스 9세가 1228년 시성으로 선포했다. 1230년 지금의 프란체스코 대성당으로 이장했다. 성 프란체스코 축일은 10월 4일이다.

성전을 허물어라

안토니오 가우디는 스페인이 낳은 세계 최고의 건축가이다. 구리 세공인의 아들로 태어난 그는 생을 마감할 때까지 평생 독신으로 지낸 독실한 가톨릭 신자였다.

가우디의 건축물은 하나도 같은 것이 없다. 그는 자연으로부터 얻은 자유분방한 영감과 종교에 배어 있는 심오함을 자신의 건축물에 고스란히 옮겨놓았다. 언제나 창의력이 넘쳐흘렀으며 풍부한 상상력을 보여준 건축의 성인聖人이었다.

"건축이야말로 희생의 길"임을 역설한 가우디가 남긴 20세기 최고의 걸작품은 바르셀로나의 '성가족성당'일 것이다. 1882년, 가우디가 첫 돌 한 개를 쌓아 올림으로써 시작된 이 성당은 "이것은 마지막 성당이 아니라 어쩌면 새로운 형태의 최초의 성당일 것이다"라고 예언한 가우디 자신의 말처럼, 종교와 예술을 솜씨 있게 접목시킨 20세기 최고의 건축물이다. 그러나 이 성당은 100년이 지난 지금도 완공되지 않았으며 완공 시기가 언제가 될지 아무도 모른다.

아직 미완성인 가우디의 '성가족성당'처럼 유명한 유럽의 대성당들은 수백 년 이상 걸려 완공된 경우가 많다. 노틀담 대성당은 200년이 걸렸으며, 밀라노의 대성당은 250년 걸려서 완공되었다. 독일의 쾰른 대성당은 짓기 시작한 지 750년이 지났지만 아직 준공식을 하지 못하고 있다.

예수께서 살아생전 자주 드나드셨던 성전도 46년이나 걸려서 지은 건물이었다. 그러나 이 '화려한 돌과 보석으로 아름답게 꾸며진 성전'을 보시며 예수님은 이렇게 말했다.

"이 성전을 허물어라. 내가 사흘 안에 다시 세우겠다."

화려하고 아름답게 꾸며야 할 것은 건축물이 아니라 우리 자신의 몸과 영혼일 것이다.

*

안토니오 가우디Antonio Gaudi y Cornet(1852~1926) _건축가. 스페인 남부 카탈루냐 지방에서 태어났다. 바르셀로나를 중심으로 독창적인 건축물을 남겼다. 그는 건축적 영감을 자연에서 얻었다. "직선은 인간의 것이고 곡선은 신의 것이다"라는 유명한 말을 남겼다. 상상력과 예술적 영감으로 가득 찬 그의 독창적인 건축은 동시대 비평가들로부터 혹평을 받기도 했으나, 지금까지 현대 건축 예술의 걸작으로 평가받고 있다. 대표작으로 '구엘 교회', '구엘 공원', '카사 바트로', '카사 미라' 등이 있다.

스님들의 곧은 허리

10여 년 전, 배창호, 이명세 감독과 함께 지방 여행을 다녀왔었다. 경허鏡虛 선사의 행적을 좇아 그가 주석主席으로 머물러 있었던 여러 절들을 내 발로 직접 찾아가 눈으로 확인해 보고 싶은 욕망 때문이었다.

돌아올 무렵 수덕사에 머물렀다. 그때 나는 참으로 재미있는 사실 하나를 알게 되었다. 젊은 스님이건 노老스님이건 승복을 입은 스님들은 모두 앉은 자세나 선 자세나 등이 곧고 자세가 단정하다는 사실이었다. 몸을 석탑처럼 바로 세우고 어깨를 펴고 단정히 앉은 자세는 참 보기 좋았다.

자세가 바르면 정신이 바르다. 이것은 틀림없는 진리이다. 자세가 바르면 정서가 불안할 수가 없다.

*

우정에 관하여

이상하게도 국민학교 때의 친구들은 지금도 얼굴이며 이름을 기억하고 있다. 중·고등학교 때 친구들은 비록 이름은 잊었어도 얼굴만은 떠오른다. 참 이상한 일이다. 바로 어제 만난 사람의 얼굴이 생각나지 않기도 하는데, 어째서 몇십 년 전의 동창생의 얼굴은 선명하게 기억이 날까?

학창 시절, 자기 이익 때문에 친구를 사귀는 사람은 없을 것이다. 벗을 출세나 성공의 도구로 여기는 학생은 더더욱 없을 것이다. 어릴 적의 사귐은 순수하다. 영혼과 영혼이 만나 깊은 우정을 쌓기 때문이다. 그러나 사회에 나오면 달라진다. 필요에 의해 사람을 만나게 된다. 전화로 정중한 약속을 하고 예의를 지킨다. 잘난 사람은 못난 사람과 만나기를 꺼리게 된다. 공연히 뛰어들어 손해를 보고 싶지 않은 것이다.

젊은 학생 여러분! 지금 여러분이 서 있는 그곳 그 자리가 바로 여러분들이 평생토록 함께 살아가야 할 친구와 벗이 함께 서 있는 삶의 터전이다. 절대로 서로를 미워하지 말라. 서로를 헐뜯거나, 서로를 미워하거나, 서로를 증오하지도 말라. 여러분들이야말로 서로 친구이며, 동지이며, 마침내는 거의 같은 시기에 무덤에 묻히게 될 미래의 동반자인 것이다.

서로 아껴줘라.
서로 사랑하라.
서로 믿으라.

네가 가진 모든 것을 나눠라.
*

몸은 상처에 불과하다

희랍 왕 밀린다는 나가세나 스님과 인생과 불교에 관해 수많은 대화를 나누었다. 나가세나 스님은 멋진 비유로 동양의 깊은 철학을 서양의 제왕에게 들려주었다. 그중 '몸'에 관한 다음과 같은 대화가 있다.

밀린다 왕이 나가세나에게 묻는다.

"스님, 출가한 사람에게도 몸이 소중합니까?"

"아닙니다. 출가한 사람은 몸을 사랑하지 않습니다."

"그렇다면 왜 스님들은 몸을 아끼고 몸에 집착합니까?"

"대왕은 싸움터에 나가 화살을 맞아본 적 있습니까?"

"네, 있습니다."

"그때 상처에 연고를 바르고 기름약을 칠하고 붕대를 감았습니까?"

"그렇게 했습니다."

"그렇다면 연고를 바르고 기름약을 칠하고 붕대를 감은 것은 그 상처가 소중해서입니까?"

"아닙니다. 상처가 소중한 것은 아니었습니다. 상처의 살이 부풀어 곪았으므로 치료했을 뿐입니다."

"대왕이여, 그와 마찬가지 이치입니다. 출가 수행자들이 몸을 돌보는 것은 몸이 소중해서가 아니라 수행을 더욱 잘하기 위해 그러는 것입니다. 부처님은 일찍이 '육신은 상처와 같다'고 말씀하셨습니다. 따라서 출가한 수행자들은 몸에 집착하는 것이 아니라 몸을 상처처럼 보호하는 것입니다."

나가세나 스님의 비유처럼 우리 몸은 상처에 불과하다. 우리가 몸을 보호하는 것은 구멍 뚫린 옷의 상처를 실로 꿰매고 짜깁기하여 고귀하고 존엄한 벌거숭이의 진짜 '나'를 감싸고 보호하기 위함이다.

*

사랑? 사탕?

사랑이란 결코 달콤하지 않다. 달콤한 것은 사탕이다.

사탕은 많이 먹을 것이 못 된다. 많이 먹으면 이를 상하게 하고 몸을 병들게 한다. 우리 몸에서 단맛을 느낄 수 있는 부분은 혀끝의 일부에 불과하다. 이처럼 단맛을 느낄 때는 아주 조금만 느껴야 한다.

달콤한 사랑은 혀끝으로 살짝 대보는 것만으로 충분하다.
*

그저 잊혀지기를

신부님은 언제나 아무것도 가지지 않으셨다. 자신의 소유라고는 아무것도 없었다. 임기를 채우고 다른 성당으로 떠날 때에도 아무것도 가져가지 않으셨다. 보던 책, 앉던 책상 등도 그대로 남겨두셨고 그냥 몸만 훌쩍 떠나셨다.

신부님은 아무것도 자기의 것이라고 생각하지 않으셨다. 자신의 몸마저도 잠시 지상에 파견되어 머물다 사라지는 형상에 불과하다고 생각하셨다.

신부님은 심지어 자기가 다른 곳으로 떠난 후에도 그냥 그곳에 남아 있는 신도들에게 '아무개 신부님은 참 좋은 신부님이었다'라든가, '아무개 신부님은 참 멋진 분이셨다'라는 평판이나 소문이 남아 있는 것을 원치 않으셨다. 떠나버린 순간, 그 순간 그저 잊혀지기를 바랐을 뿐이었다.

신부님이 자신의 이름조차 기억되기를 바라지 않았던 것은, 남은 사람들의 입에 자신의 이름이 오르내리기를 바라는 마음이, 그러한 의식적인 소망이, 자신의 말과 마음과 행동에 아주 조그마한 위선을 심게 할지도 모른다는 노파심 때문이었을 것이다.

*

마음이 듣는 소리

귀로 들을 수 없는 아주 작은 소리도 마음으로는 들을 수 있다. 눈으로 볼 수 없는 아주 작은 물질도 마음의 눈[心眼]으로는 분명히 볼 수 있다. 하찮은 나뭇가지를 모르고 베어냈을 때 우리의 귀는 그 나무의 신음 소리를 듣지 못하지만, 우리의 마음은 그 소리를 분명히 들을 수 있는 것이다.

비록 우리가 눈이 멀어 장님이 되고 귀가 먹어 귀머거리가 된다 해도, 마음의 문이 열려 있으면 우리는 어떤 소리든 어떤 물질이든 보고 들을 수 있다. 마음의 귀가 열려 있다면 우리는 어떤 소리라도 똑똑히 듣게 될 것이다.

*

사유하는 자가 아름답다

"나는 생각한다. 그러므로 나는 존재한다." 데카르트가 남긴 말이다. 이 말로 인해 서구 문명사회는 절대적인 것에 의지했던 '감성'의 세계로부터 인간의 사유에 의지하는 '이성'의 세계로 내려왔다. 성숙한 이성은 인류를 평화로 이끌지만 미숙한 이성은 인류를 전쟁과 폭력의 광기로 몰아넣는다. 미숙한 이성은 사유할 줄 모르는 우매한 사람들 사이에서 자라난다.

*

데카르트René Descartes(1596~1650) _프랑스의 철학자, 수학자. 근대철학의 아버지로 불린다. 이성적 사고를 통한 합리적 태도를 강조했다. 조금이라도 불확실한 것은 모두 의심해 보아야 하는데, 세상 모든 것의 존재를 의심스러운 것으로 치더라도 의심을 하는 자신의 존재만은 의심할 수가 없다고 했다. 대표적인 저서로 『방법서설』이 있다.

자화상

고흐는 평생 동안 열두 장의 자화상을 그렸다. 대부분 정신병원에 입원한 후부터 권총으로 자살하기까지의 3년 동안 그린 것이다. '정신병원에 갇혀 있더라도 그림 그릴 소재는 얼마든지 발견할 수 있다.' 그렇게 생각한 고흐에게 자신의 얼굴이야말로 마음 놓고 그릴 수 있는 단 하나의 소재였다. 자화상 속의 고흐는 죽음에 이르기까지의 각각의 얼굴로 그 표정들은 점점 더 침울해지고 두 눈은 점점 더 광기에 젖어간다. 죽기 전 자화상을 완성하고 나서 고흐는 이렇게 말했다.

"내 자화상은 그 자체로 하나의 거대한 거짓말이다."

반 고흐 Vincent van Gogh(1853~1890) _후기 인상주의를 대표하는 화가. 목사의 아들로 태어나 1880년 화가가 되기로 결심할 때까지 화상 점원, 목사 등 여러 직업에 종사했다. 1888년 12월 고흐는 정신착란을 일으켜 고갱과 다툰 끝에 면도칼로 자신의 귀를 잘라버렸다. 한때 건강 회복으로 발작의 불안에서 벗어나는 듯했으나 다시 쇠약해져 1890년 자살했다. 자화상을 많이 그렸으며 〈해바라기〉, 〈빈센트의 방〉, 〈별이 빛나는 밤〉, 〈밤의 카페〉, 〈삼나무와 별이 있는 길〉 등의 명작을 남겼다.

하루 종일 개미를 관찰하다

1987년, 『잃어버린 왕국』을 다큐멘터리로 만드는 KBS 제작팀과 일본 열도를 샅샅이 누비고 있었다. 연재소설과 다큐멘터리 제작을 동시에 강행하는 데 지친 나는 마음속으로 연재가 끝나면 아무것도 하지 않고 몇 년간 편히 쉬겠다고 결심했다. 마침내 연재를 끝내고 다큐멘터리 작업도 끝내자 나는 그날로 모든 외부 세계와 단절했다.

어느 날은 하루 종일 거실에 앉아 하늘을 나는 참새들을 관찰했다. 어느 날은 탁자 위의 선인장을 하루 종일 바라보았다. 어느 날은 발가벗고 정원으로 나아가 조그마한 풀꽃들과 땅위를 기어다니는 개미들을 하루 종일 들여다보기도 했다.

그런 일들로 나는 몹시 바빴다. 아무것도 하지 않는 일로 바쁠 수 있다니, 나는 참 이상한 느낌이었다. 때로 그런 상태가 정신을 훨씬 맑게 하거나 판단력을 더 밝게 해준다고 나는 믿는다.

배고프면 밥 먹고 졸리면 잤다. 그때 나는 정말 행복했다. 해 질 무렵 거실에 앉아 앞집 지붕 위로 스러지는 저녁노을과 저녁노을에 불타고 있는 한강 물을 바라볼 때면, 나는 너무나 행복하고 기뻐서 춤이라도 추고 싶었다.

*

천국의 눈물

에릭 크랩튼은 영국 태생으로 이미 1960년대에 지미 핸드릭스와 더불어 전 세계에서 가장 뛰어난 기타 연주자로 손꼽히던 사람이었다. 젊은 나이에 얻은 인기와 명성은 그를 마약과 방종으로 타락하게 했다.

그의 유일한 기쁨은 늦은 나이에 얻은 아들의 재롱뿐이었다. 그러나 그의 유일한 기쁨이었던 아들은 다섯 살 되던 해 아파트의 베란다에서 떨어져 죽고 만다. 이 뜻밖의 죽음으로 그는 자살 충동을 끊임없이 느끼면서도 슬픔 속에서 자식에 대한 애정이 절절이 배어 있는 곡을 작곡하게 된다.

그 곡이 바로 〈천국의 눈물Tears in Heaven〉이라는 감미롭고도 슬픈 노래이다. 또한 그는 마약과 타락으로 물든 자신의 어두운 과거로부터 벗어나기 위해 〈나에게 힘을 주십시오Give me Strength〉라는 곡을 작곡했다.

Dear Lord, give me strength to carry on.

Dear Lord, give me strength to carry on.

My home may be out on the highway,

Lord, I've done so much wrong

But please, give me strength to carry on.

주님, 나에게 힘을 주십시오
당신이 갖고 있는
주님, 부디 그 힘을 주십시오
세상을 살아갈 나는 아마 너무 덧없이 살았나 봐요
그래서 많은 우여곡절을 겪었나 봐요
그러니 주님, 힘을 주세요
이 험한 세상을 헤쳐나갈 수 있도록
오 주님, 힘을 주세요

＊

솔직한 사람

흔히 어떤 사람에게 '솔직한 사람'이라는 평가를 내릴 때 자세히 살펴보면, 남들이 화제로 삼지 않는 성적인 문제를 노골적으로 털어놓거나, 성 해방을 빙자하여 비도덕과 비윤리를 미화시키거나, 숨겨야 할 자신의 치부를 대담하게 드러내는 반행위에 대해 찬탄하는 것을 보게 된다. 성적인 화제에 대해서 낯 하나 붉히지 않고 말하는 태연함은 솔직함 때문이 아니라 천박함 때문이고, 자신의 약점이나 숨겨야 할 치부를 대담하게 노출하는 행위는 솔직함 때문이 아니라 뻔뻔함 때문일 것이다. 무엇이든 남에게 쉽게 고백하는 행위 자체를 솔직함으로 생각하기 쉬운데, 이는 솔직함이 아니라 오히려 참을성이 없는 성급함에서 비롯되는 것이다.

'솔직하다는 것'은 '숨김이 없다'는 뜻이 아니다.
'솔직하다는 것'은 '꾸밈이 없다'는 뜻일 것이다.
✱

사랑 혹은 에로스

옛 그리스의 철학자 플라톤은 『향연』에서 다음과 같이 말했다.

"원래 사람은 남자와 여자가 합쳐진 하나의 몸이었다. 그런데 이 합쳐진 몸은 무서운 힘을 갖고 있어서 신들을 공격하고는 했다. 이에 제우스는 인간을 그대로 생존케 하면서도 그 힘을 약하게 만들기 위해 사람을 두 동강이로 갈랐다. 그래서 본래의 몸이 갈라진 후부터 반쪽은 각각 떨어져 나간 다른 반쪽을 그리워하고 다시 한 몸이 되려는 열망을 지니게 되었다."

플라톤은 이러한 열정을 '사랑' 혹은 '에로스' 라고 명명했다.

✳

플라톤 Platon(BC 429?~BC 347) _고대 그리스의 철학자. 아테네에서 태어났다. 소크라테스로부터 학문을 배웠다. 젊었을 때는 정치를 지망했으나, 소크라테스가 사형당하는 것을 보고 정계에 대한 미련을 버리고 인간 존재의 참뜻이 될 수 있는 것을 추구, 철학을 탐구하기 시작했다. 학교의 기원인 '아카데미아'를 건립하여 후학을 양성했다. 『소크라테스의 변명』, 『파이돈』, 『향연』, 『국가론』 등을 남겼다.

부끄러움

부끄러움은 인간만이 가진 최고의 덕목이다. 딸아이가 부끄러워할 때 간혹 낯을 붉히는 모습을 볼 때가 있다. 그때마다 나는 낯을 붉히지 못하는 내 자신의 쇠가죽만큼 두터워진 낯가죽이 부끄럽다.

부처님은 『유교경遺教經』에서 다음과 같이 말하고 있다.

"부끄러워할 줄 알아라. 부끄러움의 옷은 모든 장식 가운데 가장 으뜸가는 것이다. 부끄러움은 쇠갈퀴와 같아 사람의 법답지 못함을 다스린다. 그러므로 항상 부끄러워할 줄 알고 잠시도 그 생각을 버리지 말아야 한다. 만일 부끄러워하는 마음을 버린다면 모든 공덕을 잃게 될 것이다. 부끄러워할 줄 아는 사람들은 곧 착한 법을 가질 수 있게 되지만, 그렇지 못한 사람들은 짐승과 다를 바 없다."

*

자기 자신마저 미워하라

나르시스는 그리스 신화에 나오는 미소년이다. 물의 신 케피소스와 요정 사이에 태어난 아들로 그가 태어났을 때 예언자는 아이가 자신의 모습을 보게 되면 절대로 안 된다고 했다. 그가 청년이 되었을 때 그 모습이 너무 아름다워 많은 처녀들과 요정들이 그에게 구애를 했다. 요정 에코는 그를 사랑한 나머지 몸이 여위어 마침내 목소리만 남아 '메아리'가 되었다.

어느 날 나르시스는 사냥을 하다 목이 말라 물을 마시던 중 물에 비친 자신의 모습을 발견하고는 그 모습을 사랑하게 되었다. 물에 비친 자신에게 마음을 빼앗긴 그는 한 발자국도 물가를 떠나지 못하고 마침내 그곳에서 죽었다. 그가 죽은 자리에 꽃 한 송이가 피어, 그의 이름을 따서 수선화라고 불렀다.

인간은 누구나 자기애에 빠져 있다. 이것은 인간이 지니고 있는 하나의 숙명적인 비극이다. 불교에서는 이를 집착이라고 부른다. 자기 문제에만 집착하는 나르시시즘은 자기 가정만을 사랑하는 가족애로 발전되며, 자기 지역만을 사랑하는 지역주의로 나아가게 마련이다.

자신이 남보다 우월하다고 생각할 때는 교만이 되고, 자신만이 옳다고 생각할 때는 독선이 되는 법이다.

✽

나르시스 / 나르키소스 Narcissus _그리스 신화에 나오는 미소년. 나르키소스의 아름다운 용모에 반하여 숱한 처녀들과 님프들이 구애했으나 실패했다. 이에 복수의 여신 네메시스의 저주를 받게 된다. 헬리콘 산에서 사냥을 하던 나르키소스는 우물에 비친 자신의 아름다운 모습을 사랑하게 되어 한 발자국도 떠나지 못하고 우물만 들여다보다가 마침내 탈진하여 죽었다. 그가 죽은 자리에 꽃 한 송이가 피어, 그의 이름을 따서 나르키소스(수선화)라고 불렸다. 정신분석에서 자기애를 뜻하는 '나르시시즘'도 나르키소스의 이름에서 유래한 것이다.

어리석은 마음의 위안

어느 날 여우가 먹을 것을 찾아서 헤매던 중 탐스럽게 보이는 포도송이를 발견한다. 배고픈 여우는 그 포도를 따 먹으려고 온갖 애를 썼지만 너무 높이 있어서 따 먹을 수가 없었다. 그러자 여우는 그 자리를 떠나면서 이렇게 중얼거린다.

"저 포도는 맛이 없을 거야. 저 포도는 분명 신 포도일 테니까."

『이솝이야기』에 나오는 짧은 우화다. 인간은 누구나 자신의 힘이 모자라 무슨 일이 자기 뜻대로 되지 않을 때 그것을 저주함으로써 마음의 위안을 삼는다는 어리석음을 풍자하고 있다.

*

보이지 않는 적

나는 치열한 전쟁을 벌이고 있다. 이 전쟁은 외부로 드러난 싸움이 아니라 나의 내부에서 일어나는 내밀한 전쟁이다.

내가 공격하는 내부의 적은 '성급한 마음'이다. 이 적은 나의 내부에서 인이 박히고 중독이 되어 천성이 되어버렸으므로, 이루 말할 수 없는 견고한 방어벽과 요새를 구축하고 있다. 이 성급한 마음이라는 요새를 공격하는 아군은 때로는 포화로, 때로는 돌격작전으로, 때로는 인해전술로 덤벼들지만 번번이 패퇴하여 비참한 패배를 맛보고 있다.

나는 내 급한 성격이야말로 내가 가진 최대의 장점인 것으로 굳게 믿어왔다. 매사 일을 할 때에 신중하고 침착하게 처리하는 사람들을 나는 재능 없는 느림보라고 경멸했다. 앞으로 나아가기에 바빠서 내 곁에 누가 있는지, 내가 무엇을 보았는지, 내가 무엇을 느끼는지 그것을 생각할 겨를 없이, 넋 없이 살아왔다. 그렇게 빨리빨리 달려와서 얻은 것이 무엇인가.

성급한 마음은 난공불락이다. 아직도 끓어오르는 화가 억누르기 전에 왈칵 터져 흘러나와 용암을 이루고, 화학 연기를 뿜어댄다. 이 치열한 전투 속에서 매일 편성된 아군은 번번이 초토화되지만 나는 결코 물러서지 않을 것이다.

*

개성을 만드는 것

수덕사 초하루 법회 날이었다. 선방과 승방, 각 암자와 사찰에서 수도하던 스님들이 전부 대웅전으로 몰려들기 시작했다.

법회 시간이 되어 법당 안을 가득 메운 남녀노소 스님들의 얼굴을 조심스럽게 훑어보니 모두 자기만의 얼굴을 하고 있다. 이상한 일이었다. 서울 거리의 사람들 모두 각자 다른 색깔의 옷을 입고, 각자 다른 형태의 옷을 입고, 형형색색의 화장을 하고, 머리 스타일을 바꾸고, 새 구두를 신고, 액세서리를 치렁치렁 달아도 그 얼굴이 그 얼굴처럼 보인다. 그런데 어떻게 법회에 모인 스님들은 모두 같은 빛깔의 법의를 걸치고, 같은 흰 고무신에, 똑같이 삭발한 민대머리인데도, 자세히 보면 하나의 얼굴에 하나의 마음을 담고 있는 듯, 자기만의 얼굴을 하고 있는 것일까.

개성을 만드는 것은 화장이 아니다. 옷이 아니다. 색色이 아니다. 쌍꺼풀 수술이 아니고 헤어스타일이 아니다. 유행이 아니다. 지워지지 않는, 변하지 않는 개성을 만드는 일은 자신의 마음의 텃밭을 가꾸는 일이다. 마음의 텃밭!

*

메멘토 모리

"메멘토 모리."
엄격한 수도생활과 평생의 침묵생활로 유명한 트라피스트 수도회의 수사들은 메멘토 모리라는 말로 인사를 대신한다. 이 말의 뜻은 이렇다.
"죽음을 기억하라."

메멘토 모리. 그렇다. 죽음을 기억하자. 죽음은 우리 가까이에 있다. 앞서 가고 뒤에 가는 순서의 차이가 있을 뿐, 우리의 생은 서서히 죽어가고 있는 하나의 길[道]일 뿐.

*

스무고개

우리가 그 누구도 모를 비밀을 간직하고 있다고 해도 그것은 스무고개를 넘을 수 없는 비밀에 불과하다. 그 누구도 모를 죄를 범하고 시치미를 떼고 천연덕스럽게 있다 해도, 그의 죄악은 스무고개를 넘지 못한다.

영리한 머리를 가져 죄에서, 고통에서, 고독에서, 슬픔에서 도망갈 수 있는 꾀와 약은 수를 발견해 냈다 해도, 그 생각은 스무고개를 넘지 못한다.

숨을 일이 아니다. 빛 가는 데로 나아가 밝은 빛 속에 서 있을 일이다.

*

생각하는 갈대

근대 철학의 아버지로 불리는 데카르트와 파스칼은 공통된 점이 많다. 두 사람은 모두 수학자이자 물리학자였으며, 또한 철학자였다. 실제로 파스칼과 데카르트는 서로 많은 영향을 주고받았다. 데카르트는 학문에서 확실한 기초를 세우려면 조금이라도 불확실한 것은 모두 의심해 봐야 한다고 했다. 모든 것을 의심하는 과정에서 의심하는 자신의 존재만은 의심할 수 없다는 것을 발견하고, 그 유명한 '나는 생각한다. 그러므로 나는 존재한다'는 근본명제를 확립했던 것이다.

파스칼은 이 근본 명제를 발전시켜 그의 사상을 집약시킨 『팡세』의 첫머리에 다음과 같은 유명한 말을 남기고 있다.

"인간은 자연 가운데 가장 약한 갈대에 지나지 않는다. 그러나 인간은 생각하는 갈대이다."

데카르트와 파스칼은 인간의 위대함을 생각, 즉 자기 존재의 사유에서 발견했던 것이다.

✱

파스칼Blaise Pascal(1623~1662) _프랑스의 수학자. 물리학과 철학에도 많은 업적을 남겼다. 학교 교육은 받지 않았으나 독학으로 '유클리드 기하학'을 증명했고 16세 때 '파스칼의 정리'가 들어 있는 『원뿔곡선시론』을 집필하여 세상을 놀라게 했다. 1651년 아버지가 죽자, 파스칼은 사교계에 뛰어들어 쾌락을 추구했다. 노름에서 딴 돈을 공정하게 분배해 주는 문제에서 확률론을 창안하여, 『수삼각형론』을 썼다. 파스칼은 이 논문으로 수학적 귀납법의 전형을 만들어냈다. 1658년 우연한 기회에 적분법을 창안하기도 했다. 철학서를 쓰던 중 병고로 완성하지 못한 채, 39세의 나이로 생을 마쳤다. 사후에 그의 친구들이 원고를 정리하여 『팡세』를 출판했다.

머릿속에서 지워버려라

"네가 어제 옳다고 생각했던 바로 그것이 오늘 지금에 와서 생각해도 과연 옳으냐."

우리는 무의식중에 그때그때의 감정에 따라 남을 비판한다. 성철 스님의 말씀대로 어제 내가 옳다고 생각해서 화를 내고 흥분했던 생각도 하루만 지나면 자신의 이기주의 때문이었음을 깨닫게 된다.

"네가 옳다고 생각하는 바로 그 생각을 머릿속에서 지워버려라."

*

끼

'끼'의 어원이 어디에서부터 비롯된 것인지는 잘 알 수 없으나 이 끼는 아마도 기氣에서 출발된 하나의 변형어일 것이다. 예부터 바람기, 혹은 화냥기 등 부정적으로 사용되어 오던 '기'의 단어가 하나의 유행어인 '끼'로 탈바꿈한 것은 시대적인 상황과 무관하지 않을 것이다.

'끼'란 남의 눈에 띄려는 노력, 남의 관심을 끌려는 마음, 남보다 돋보이려는 행동, 남에게 인정받으려는 욕망에서 비롯되는 일종의 제스처이다. 얼굴에 화장을 하는 것, 남보다 더 예쁘게 보이려는 옷차림, 남의 눈을 끌 수 있을 만큼의 요란한 액세서리 같은 것은 결국, 남의 눈을 끌려고 하는 '끼'의 표현일 것이다.

'끼'는 여자만 있는 것이 아니라 남자에게도 있다. 부를 과시하려 하는 무의식적인 허세, 남에게 잘 보이려는 지나친 친절, 필요 이상의 자상한 배려 같은 마음도 결국 상대방에게 인정받으려는 '끼'에서 비롯된 것이다.

*

참회록

『참회록』에서 톨스토이는 다음과 같이 고백하고 있다.

"내 젊은 시절은 공명심, 권세욕, 사욕, 애욕, 자만심, 분노, 복수심…… 이런 정열이 불타던 시기였다. 나는 전쟁에서 숱한 사람을 죽였고, 도박을 했으며, 유부녀와 간음했고, 만취와 폭행, 살인 등 저지르지 않은 죄악이 없었다. 내가 글을 쓰는 것은 오직 명예와 돈을 얻기 위해서였으며, 문인들과 교제하며 추파와 아첨을 소나기처럼 덮어쓰고 있었다."

우리 모두는 이미 입구가 돌로 막혀 있는 무덤 속에서 죽어 있는 사람들이다. 톨스토이의 표현처럼 '공명심, 권세, 이기심, 애욕, 자만심, 분노, 복수심, 쾌락'의 어둠 속에 갇혀서 우리의 몸에서는 죽은 사람들의 몸에서 나는 악취를 풍기고 있다.

*

톨스토이 Lev Nikolaevich Tolstoi(1828~1910) _작가. 도스토예프스키와 함께 19세기 러시아 문학을 대표하는 문호다. 문명 비평가이자 사상가로도 활동했다. 1869년 나폴레옹의 모스크바 침공을 소재로 한 불후의 명작 『전쟁과 평화』를 발표했고, 1876년 『안나 카레니나』를 출판했다. 1910년 10월 장녀와 주치의를 데리고 집을 떠나 방랑의 여행길에 올랐으나 도중에서 병을 얻어 아스타포보 역에서 숨을 거두었다. 주요 저서로는 『부활』, 『신부 세르게이』, 『인생의 길』 등이 있다.

조용한 노인

나이가 들수록 입의 문을 닫고 말의 빗장을 잠가야 할 것이다. 그 대신 외부를 향해 열려 있는 귀의 대문을 활짝활짝 열어둘 것.

조용한 노인. 내가 꿈꾸는 미래의 내 모습이다. 나는 침묵하는 노인이 아니라 조용한 노인이 되고 싶다. 바위는 침묵하고 있는 것이 아니라 조용함을 간직하고 있는 것이다. 나는 바로 그러한 조용한 바위가 되고 싶다.

*

잊혀지는 죽음

문필가들의 수호성인이며 저명한 교회학자였던 성 프란체스코 살레시오는 이렇게 말했다.

"오, 슬프도다. 죽은 이에 대한 우리들의 기억은 불충분하다. 장례식 종소리가 멎음과 동시에 그들에 대한 생각은 우리 마음속에서 사라져버리는 것처럼 보인다. 죽음과 함께 없어지는 사랑은 진실한 사랑이 아니다. 성서에 의하면 참된 사랑은 죽음보다 강하다."

프랑스의 낭만주의 시인 라마르틴은 16년 연상의 애인이 죽자 사랑을 잃은 절망 속에서 『명상시집』이라는 서정시집을 출간한다. 이 시집에서 라마르틴은 그토록 사랑했던 여인이 세월이 갈수록 잊혀지자 '망각은 죽은 이의 두 번째 수의壽衣다'라며 탄식한다.

라마르틴Alphonse de Lamartine(1790~1869) _프랑스 낭만주의 시인. 정치가. 명문가 출신으로 리옹과 베리의 중학교에서 가톨릭 교육을 받고 1811년 이탈리아를 여행, 1814년 군무에 복무하고 1815년 제대했다. 1816년 연상의 유부녀와 사랑에 빠졌으나, 부인은 얼마 후 병사하고 만다. 사랑을 잃은 절망을 노래한 『명상시집』(1820)은 라마르틴의 대표작이 되었다. 대표적인 서정시인으로서, 감정의 흐름을 음악적인 문체로 표현했다.

허물로서 벗을 육신

육신은 다만 영혼을 감싸는 의상에 지나지 않는다. 죽으면 우리는 그 옷을 허물을 벗듯 벗는다. 탐욕과 욕망은 옷에 매달린 주머니를 채우는 일에 지나지 않는다. 명예와 권력은 옷에 계급장과 훈장을 붙이는 일에 지나지 않는다. 쾌락과 애욕은 옷에 물감을 들이고 단추를 매다는 일에 지나지 않는다.

*

내일의 푸른 지팡이

톨스토이는 러시아가 낳은 세계적인 문호이자 사상가이다. 명문 백작가문에서 태어난 그의 생애는 『전쟁과 평화』를 쓰며 작가적 명성을 누리던 쉰 살까지의 전반기와, 죽음의 공포로 인생의 의미를 추구하며 고뇌하던 후반기로 나뉘어진다. 그의 전 생애를 지배했던 것은 어린 시절 형제들과의 놀이였다. 톨스토이는 일흔 살이 넘었을 때 이 추억을 「푸른 지팡이」라는 작품 속에서 회상하고 있다.

"내 큰형 니콜라이는 자기는 모든 사람을 행복하게 해주는 비밀을 갖고 있다고 말했다. 그 비밀이 밝혀질 때 모든 사람들이 서로 사랑하게 될 것이고 모든 사람들이 '개미 형제'가 되어 행복하게 살 것이라고 했다. 그런데 그 비밀은 자기 손으로 '푸른 지팡이'에 적어 폴랴나의 골짜기에 묻어놓았다고 말했다. 어린 시절 나는 그 푸른 지팡이의 존재를 믿었으며, 지금도 나는 모든 사람들에게 평화를 주는 푸른 지팡이의 존재를 믿고 있다. 그것이 언젠가는 모든 사람들에게 밝혀질 것이다."

톨스토이는 여든두 살에 집을 나와 시골 역에서 숨을 거두어 마침내 고향인 폴랴나에 묻힘으로써 자기 자신이 푸른 지팡이가 되었다. 톨스토이가 죽고 톨스토이즘이라는 사상이 생겨났는데 이는 대체로 다섯 가지의 가르침으로 요약된다.

화내지 말 것, 간음하지 말 것, 맹세하지 말 것, 악에 대해 폭력으로 대항하지 말 것(무저항주의), 모든 사람들을 사랑할 것(형제애)이 그것이다.

자라나는 청소년들이야말로 '내일의 푸른 지팡이'이다.

세상을 바라보는 지혜

*

빛은 어둠 속에서 더 빛난다

어둑한 저녁, 사방이 네온 간판들 천지이다. 저마다 빛나겠다고 아우성이지만 정작 행인들에게는 거대한 비슷비슷한 네온일 뿐, 어느 것 하나 눈에 들어오지 않는다. 몰개성이 가져온 염치없는 도시 풍경. 정작 소담스러운 나무 간판이 더 정겹다. 삶도 이와 같다. 남들을 쫓아다니기만 해서는 결국 내 것은 하나도 남지 않게 된다. 진정한 빛은 어둠 속에서 더 빛난다.

*

암호문 '로즈버드'

미국의 유명한 언론 재벌 허스트를 모델로 한 영화가 있다. 천재 오슨 웰스가 주연, 감독했던 〈시민 케인〉이라는 영화이다. 이 영화는 신문 재벌 허스트가 죽을 때 중얼거렸던 '로즈버드'라는 수수께끼의 말을 추적하는 것으로부터 시작된다.

고독한 소년기를 보낸 허스트는 훗날 미국 역사상 가장 유력한 신문들을 창간함으로써 언론 왕국을 이뤄 명성과 부를 한꺼번에 거머쥐게 된다. 그럼에도 불구하고 아내로부터 버림받고 고아로 자란 어린 시절처럼 여전히 고독할 수밖에 없었던 이 언론 황제의 입에서 죽음을 앞두고 흘러나온 '로즈 버드'라는 한마디는 도대체 무엇을 의미하는가?

영화의 마지막 클라이맥스는 이 수수께끼의 단어가 그가 어린 시절 타고 놀던 썰매에 새겨진 글자였다는 사실을 보여준다. 온갖 명예와 부를 쟁취한 사람이라도 그가 진정으로 갖고 싶었던 것은 썰매로 상징되는 가장 순수했던 소년기의 동심이었던 것이다.

로즈 버드, 장미꽃 봉오리. 시민 케인이 평생을 통해 추구했던 동심의 장미꽃처럼 사람에게는 누구나 자기만의 숨겨진 장미꽃 봉오리가 있다.

*

특별한 관광

10년 전 쯤의 일이다. LA에 살고 있는 K군은 여행객을 안내하는 가이드 역할로 학비를 충당하고는 했다. 어느 날 그는 새로운 단체 여행객을 안내하기 위해서 공항으로 나갔다가 그만 깜짝 놀라고 말았다. 비행기에서 내린 손님들이 모두 맹인들이었기 때문이다.

놀란 K군에게 여행객의 리더가 이렇게 말했다.
"절대로 우리를 맹인으로 생각하지 말아주십시오. 우리를 보통 사람들과 마찬가지로 생각하고 안내해 주십시오."

K군은 버스에 타자마자 여행객들에게 차창 밖으로 펼쳐지는 풍경을 평소처럼 안내할까 말까 망설이다가 에라 모르겠다, 벌떡 일어나 마이크를 들고 방송을 하기 시작했다.

"오른쪽으로 보이는 저 푸른 바다는 태평양입니다. 왼쪽으로 보이는 저 산은 여러분들이 잘 아시는 할리우드입니다. 언덕 위에 씌어진 영자 간판이 보이시죠? 할리우드. 그렇습니다. 저곳이 그 유명한 영화들이 만들어지고 있는 영화의 본고장인 것입니다."

그러자 장님들은 K군의 안내대로 차창의 오른쪽을, 차창의 왼쪽을 보고 고개를 끄덕이기도 하고 자기들끼리 손가락질을 하면서 차창 밖을 바라보았다.

일주일간의 여행을 끝내고 헤어질 무렵 모든 맹인 여행객들이 다가와 K군과 악수를 나누며 이렇게 말했다.

"선생님 덕분에 정말 좋은 관광을 했습니다. 고맙습니다."

*

최고의 은총

태어날 때부터 보지도 듣지도 못했던 헬렌 켈러는 감동적인 수필을 쓴 적이 있다. 대학생 때 읽었던 그 수필의 내용은 지금까지 잊혀지지 않는다.

'봄이 오면 나는 벚나무의 가지를 손으로 더듬어봅니다. 벚나무 등걸 속으로 흐르는 물을 나는 손끝으로 느낄 수 있습니다. 여러분들은 이 놀라운 기적을 그냥 지나쳐버리고 맙니다. 여러분들이 하루에 한 시간씩만이라도 장님이 되거나 귀머거리가된다면, 저 벚나무의 꽃과 저 나뭇가지를 날아다니는 새의 울음소리를 보고 들을 수 있는 사소한 기쁨이야말로 최고의 은총임을 깨닫게 될 것입니다.'

*

불가사의한 요소

아무리 예술의 목적과 역할이 위대하다 해도 거기에 '미美'가 결여되어 있다면, 그것은 이미 예술이 아니다. 예술이 우리에게 각고의 인내와 고통을 요구하는 것은 바로 이 '미'라는 불가사의한 요소 때문인 것이다.

무지개

19세기의 대표적인 낭만주의 시인 워즈워스는 영국의 잉글랜드 지방에서 태어났다. 그는 여덟 살 때 어머니를, 열세 살 때 아버지를 여의고 외삼촌의 보호 아래 성장했다. 프랑스혁명에서 깊은 감명을 받았고, 다섯 살 연상의 여인을 만나 딸을 낳기도 했으며, 나름대로 방황하는 젊은 청년 시절을 보냈다.

스물여덟 살 무렵 시인 콜리지와 『서정가요집』을 출간한 그는 '낭만주의 문학 선언'이라는 유명한 서문에서 '시골 사람들의 감정만이 진실된 것이며 그들이 사용하는 소박하고 친근한 언어만이 가장 알맞은 시어'라고 선언함으로써 18세기 식 기교적인 언어를 배척했다. 유럽 사회에 낭만주의 문학의 시작을 알리는 역사적인 순간이었다.

하늘에 걸린 무지개를 바라볼 때면 내 가슴은 설렌다.
나 어렸을 때도 그러했고
어른이 된 지금도 그러하니
나 늙어진 다음에도 부디 그러하여라.
그렇지 않다면 나는 죽어버리리.
어린이는 어른의 아버지
바라느니 내 목숨의 하루하루여
천성의 자비로 맺어지거라.

워즈워스의 작품 가운데서 가장 유명한 시 「무지개」이다.

무지개를 바라볼 때 가슴 설레던 어린 시절의 감동이 만약 나이가 들어 사라져서 감동할 줄 모르는 무의미한 인생을 살게 된다면, 차라리 죽는 편이 좋다는 뜻이 담겨 있다. 어린아이 같은 순수한 동심으로 살 수 있는 일이야말로 '천성의 자비'라고 워즈워스는 노래하고 있다.

*

워즈워스 William Wordsworth(1770~1850) _영국의 낭만주의 시인. 코커머스에서 태어났다. 1791년 프랑스로 건너가 프랑스혁명의 현장을 경험하고 혁명 정신에 도취된다. 1793년 자연을 아름답게 노래한 『저녁의 산책』과 『소묘풍경』을 출판했다. 그 후 콜리지와 공동으로 영국 낭만주의를 대표하는 『서정가요집』을 펴냈다. 콜리지는 초자연의 세계를, 워즈워스는 사소한 일상을 각각 다루었다. 평생 자연에 대한 미적 관심을 보였다. 그의 시에 나타난 범신론적 자연관은 이후 유럽 문화에 커다란 영향을 미쳤다.

뛰어난 영혼

인간이 다른 동물보다 탁월한 것은 어떤 동물보다도 탁월한 영혼의 눈을 가졌으며, 그 눈으로 무엇이든 보고 감지하고 믿고 표현하는 능력을 가졌기 때문이다.

✲

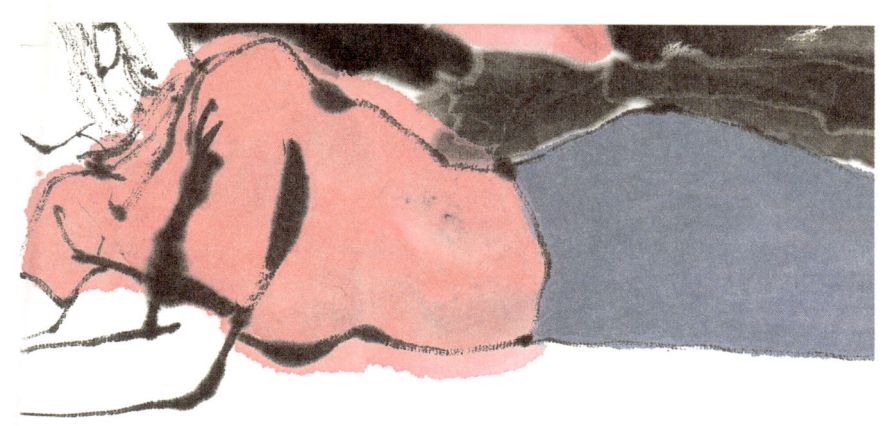

이방인

카뮈는 알제리에서 태어난 소설가이자 극작가이다. 그는 생후 얼마 안 되어 제1차세계대전으로 아버지를 잃고 귀머거리인 어머니에 의해 빈곤 속에서 성장했다. 1942년 7월 독일의 점령 아래에 있었던 시절, 스물아홉 살의 청년 카뮈는 『이방인』을 발표함으로써 문단의 총아가 되었다. 인간의 존재에 대한 부조리성을 통렬히 비판한 그는 『이방인』을 통해 실존주의 문학의 거두가 되었으며, 1957년 노벨문학상을 받고 얼마 되지 않아 자동차 사고로 죽는다.

특히 '오늘 엄마가 죽었다. 아니 어쩌면 어제'로 시작되는 『이방인』은 부조리와 절망 그리고 인간 실존의 본질을 날카롭게 파헤친 20세기 최고의 걸작이다. 평범한 청년 뫼르소는 어머니의 사망 소식을 듣고 고향으로 내려간다. 그러나 뫼르소는 어머니의 죽음 앞에서 그저 무감각하다. 오히려 장례식 다음날 여인과 정사를 나누고, 바닷가 모래사장에서 햇살이 너무

눈부시다는 이유 때문에 아랍 청년을 살해한다. 살인죄로 붙잡혀 재판을 받으면서도 자신을 변호할 생각조차 하지 않는다. 감옥에서 그는 그저 두려움 없이 사형집행을 기다린다.

카뮈가 바라본 세상은 부조리로 가득한 세상이었다. 대량학살을 남긴 제2차세계대전이 끝나고 인류의 미래에 대한 더 이상의 희망이 보이지 않게 되었을 때, 카뮈가 발견한 것은 인간의 내면에 들어 있는 실존이었다. 어떻게 보면 부조리한 세계를 견디기 위해 인간 스스로 만들어낸 자기 보호막 같은 것이리라. 아니, 어쩌면 우리는 모두 이 세상에 내던져진 이방인일지 모른다. 어떤 의미에서 사람은 철저히 혼자일 수밖에 없다.

사실, 서구에서 말하는 이 '실존'은 불교의 '자기自己'와 같은 개념이다. 즉 자신을 깨닫는 것이 중요하다는 것. 세상에 끌려 다니는 사람이 아니라 세상과 대화할 수 있는 사람, 시류에 휩쓸려 다니는 가벼운 사람이 아니라 생의 의미를 찾기 위해 사유하는 사람, 내 안의 중심을 오래 들여다볼 줄 아는 사람, 그런 사람이 세상의 '빛'이 될 수 있다.

고통의 영광

도스토예프스키가 우리에게 노름을 하기 위한 돈을 꿔달라고 한다면 우리는 그를 문전에서 돌려보냈을 것이다. 고흐가 우리 옆에서 미친 눈빛으로 그림을 그리고 있다면 우리는 그에게 다른 데로 떠나주기를 강요했을 것이다. 이상이 우리 곁에서 '봉두난발한 머리로 한 아이가 뛰고 있다'라는 괴상한 시를 끄적이고 있다면, 우리는 그에게 미쳤다고 돌팔매질을 했을 것이다.

고통을 받는 사람은 그만큼 더욱 큰 영광을 얻을 수 있는 자격이 있는 셈이며, 고통의 깊이가 크면 클수록 그는 선택받은 사람이라고 말할 수 있을 것이다. 계곡이 깊어야 산이 높듯이 깊은 고통에서 절망하지 않고 일어서서 버티고, 창조하고, 노력하는 사람만이 신의 보다 큰 영광을 누릴 수 있다.

*

도스토예프스키 Fyodor Mikhailovich Dostoevskii(1821~1881) _톨스토이와 함께 19세기 러시아 문학을 대표하는 세계적인 문호. 러시아 리얼리즘 문학의 정점이라고 할 수 있다. 독창적인 방법으로 인간의 내면을 추구한 그의 소설은 20세기 소설에 커다란 영향을 주었다. 『가난한 사람들』, 『백야』, 『죄와 벌』, 『백치』, 『악령』, 『카라마조프의 형제들』 등의 작품을 남겼다.

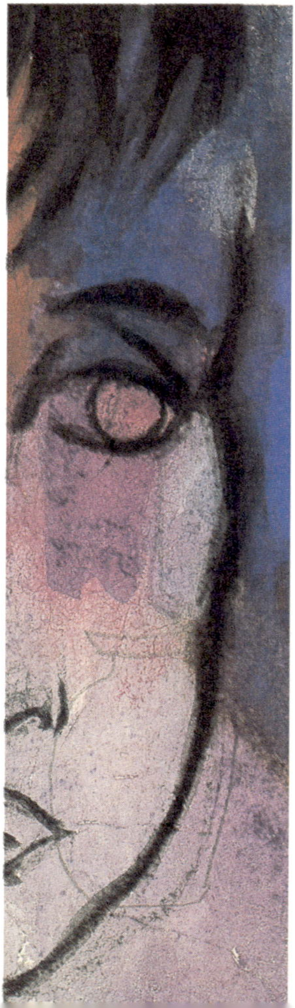

고뇌하는 남자

미켈란젤로는 뛰어난 조각가이자 화가이다. 그는 〈다비드상〉 같은 걸작을 남겼으며, 특히 죽은 예수를 안고 있는 마리아의 모습을 조각한 〈피에타〉는 그가 평생을 통해 추구했던 중요한 소재였다. 그러나 미켈란젤로가 명성을 얻게 된 것은 로마에 있는 시스티나성당 천장에 그린 〈천지창조〉와 제단 뒷벽의 〈최후의 심판〉이라는 벽화 때문이다.

1508년 교황 율리우스 2세는 미켈란젤로에게 시스티나성당에 벽화를 그려달라고 부탁한다. 미켈란젤로는 성당 천장에 〈아담의 창조〉를 비롯하여 아홉 장면이 담긴 〈천지창조〉를 4년여에 걸쳐 고개를 젖히고 거의 혼자 힘으로 완성했다. 그로부터 30년 뒤 미켈란젤로는 다시 바오로 3세의 부탁으로 제단 뒤쪽의 벽화를 제작한다. 단테의 『신곡』에 나오는 '최후의 심판'을 주제로 선택한 그는 만년의 몸을 이끌고 5년 하고도 반년의 세월에 걸쳐 걸작으로 완성한다.

미켈란젤로가 그린 〈천치창조〉에는 400명 이상의 군중이 등장한다. 예수의 오른편에는 천국으로 오르는 영혼, 왼쪽으로는 지옥으로 떨어지는 영혼이 나뉘어 묘사되어 있다. 아래쪽 중앙에는 여러 명의 천사들이 나팔을 불면서 '최후의 날'이 왔음을 알려주고 있다. 죽었던 사람들이 부활하여 의인들은 그리스도 곁으로 올라가고 있으며 죄인들은 악마들에 의해 지옥으로 끌어내려지고 있다.

그런데 단 한사람만이 어느 쪽에도 속하지 않은 채 앉아 있다. 바로 '절망에 빠진 남자'이다. 천사들과 죄인들 사이에서 왼손으로 얼굴을 가리고 있는 그는 아직 심판받지 않은 유보상태 속에서 고뇌하고 있다. 그리스도의 오른편에 올라가 영원한 생명의 나라로 들어갈 것인가, 아니면 그리스도의 왼편으로 떨어져 영원히 벌 받는 곳으로 쫓겨나는 죄인이 될 것인가.

르네상스 시대를 열었던 미켈란젤로는 이 고뇌하는 인간을 통해 무엇인가를 말하고 싶어 했던 것 같다. 중세 시대에는 인간이 태어나자마자 지옥행인지 천당행인지 결정되어 버린다고 믿었다. 내가 과연 악인인지 의인이지 생각해 볼 기회조차 없었다. 르네상스 시대는 인간의 자율성에 대한 믿음이 눈뜨던 시기였다. 미켈란젤로의 그림 속 남자는 근대 이후에 찾아올 인간의 고뇌를 앞서 표현하고 있는 것이다.

현대인들은 어떠한가? 고뇌는커녕 좀 더 쉽게 살고 싶어 하지 않는가? 대부분의 사람들이 돈, 명예, 권력을 얻기 위해 아무 고뇌 없이 살아간다. 현대인들에게 과연 옳고(천당) 그름(지옥)이 있는가. 생각해 볼 일이다.

*

미켈란젤로(Michelangelo Buonarroti) _이탈리아 르네상스 미술을 대표하는 조각가이자 화가. 이탈리아 카프레세에서 태어났다. 어려서부터 그림에 뛰어나, 부모의 반대를 무릅쓰고 기를란다요Ghirlandajo 문하로 들어간다. 그는 고전 문학과 신구약 성서를 탐독하고 조각을 위한 인체 해부학에도 큰 관심을 보였다. 주요 작품으로는 〈최후의 심판〉, 〈바울로의 개종〉, 〈베드로의 처형〉, 〈다비드〉, 〈피에타〉 등이 있다.

고도를 기다리며

『고도를 기다리며』는 아일랜드 출신의 작가 사무엘 베케트의 희곡이다. 1953년 파리의 소극장에서 초연된 연극은 이른바 '반연극反演劇'의 기념비적인 작품이 되었고, 1969년 노벨문학상을 받았다.

해 질 무렵 어디인지도 모르는 시골길에서 두 사람의 떠돌이가 '고도Godot'라는 인물을 기다리는 동안, 부질없는 대사와 동작을 주고받으며 시간을 보내는 장면이 무대 위에서 벌어지고 있다. 마침내 심부름하는 양치기 소년이 "고도는 내일 온다"고 알려주는데도 이들은 무대 위에서 계속 기다리는 것으로 제1막이 끝난다. 다음 날인 제2막에서도 거의 같은 내용이 반복된다. 그들이 기다리는 고도가 도대체 누구인지 알 수 없는 가운데 결국 연극은 끝나게 된다.

작가는 '고도'라는 인물을 밑도끝도없이 기다리고 있는 인물을 통해 현대인의 존재론적 불안을 독특한 수법으로 파헤치고 있다. 많은 비평가들은 그들이 기다리고 있는 '고도Godot'가 결국 '신God'에서 빌려온 이름이며, 따라서 그들이 기다리고 있는 고도는 절대자, 즉 하느님의 상징이라고 지적하고 있기도 하다. 또한 미래가 보이지 않는 희망 없는 세계에 찾아올 어떤 '희망'으로 보기도 한다.

우리의 인생도 마치 베케트의 부조리한 연극 무대에서 언제 나타날지 모르는 '고도'를 기다리는 우스꽝스러운 떠돌이의 삶은 아닐까.

*

사무엘 베케트(Samuel Barcla Beckett) _아일랜드 더블린에서 태어났다. 프랑스 파리의 고등사범학교에서 영어 교사로 있다가 귀국하여 모교의 프랑스 어 교사로 근무했다. 1938년 이후 프랑스에 머물며 전위적 소설과 희곡을 발표했다. 스승이면서 친구였던 제임스 조이스로부터 많은 영향을 받았고, 희곡 『고도를 기다리며』(1952)의 성공으로 반연극反演劇의 선구자가 되었다.

반연극反演劇 _1950년 이후 프랑스를 중심으로 일어났던 전위적인 연극 운동. 연극적 환상의 모든 원리를 부정하는 극작술과 그러한 연출 스타일을 가르키는 일반적인 용어이기도 하다. 반연극 계통의 작품들은 플롯과 등장 인물의 성격에 일관성을 지켜야 한다는 종래의 원칙을 무시하고, 상식적으로는 생각할 수 없는 이야기나 인간의 깊숙한 내면에 깃든 허무와 불안을 드러내 보여준다. 이 용어는 외젠 이오네스코Eugène Ionesco가 자신의 작품 『대머리 여가수』(1950)에 '반연극'이라는 부제를 붙인 데서 유래되었다. 사뮈엘 베케트, 아르튀르 아다모프Arthur Adamov, 베르톨트 브레히트Bertolt Brecht 등이 반연극 계열에 속한다.

거짓 평화

수도자의 아버지로 불리는 베네딕토가 쓴 『베네딕토 규칙서』 스물다섯 번째 계율은 다음과 같다.

"거짓 평화를 주지 말라."

그 당시 손님이 찾아오면 수도자들은 서로 평화의 입맞춤을 나누고는 했다. 베네딕토는 '손님을 맞아들임에 대해서'라는 항목에서 손님들을 온갖 사랑과 친절로 맞아들여야 하며, 기도를 바치기 전에 하는 평화의 입맞춤은 '악마의 속임수'이므로 위선적인 평화의 입맞춤은 하지 말라고 경계했던 것이다.

솔직하지 못한 마음이 오히려 더 나쁜 결과를 가져올 수 있다.

*

에밀레종

경상북도 경주시 국립박물관 앞마당에 동종銅鐘 하나가 놓여 있다. 우리 나라에 현존하는 최고, 최대의 종으로 이는 통일 신라 성덕왕聖德王의 공덕을 기리기 위해 그의 아들 경덕왕이 만들기 시작하여 손자인 혜공왕이 완성한 종으로 국보 제29호이다. 따라서 이 종의 공식 이름은 '성덕대왕신종'이지만 흔히 '에밀레종'이라고 불린다. 이 종이 그렇게 불리게 된 데는 유명한 전설이 있다.

도둑들이 들끓고 흉년이 드는 난세가 되자, 경덕왕은 선왕의 명복을 비는 종을 만들면 악귀들이 물러가고 태평성대가 오리라는 염원으로 구리 20여 만 근을 들여 종을 만들기 시작했다. 이 작업은 그의 아들인 혜공왕 때까지 이어졌는데, 종을 만드는 재료가 부족하여 스님들이 집집마다 시주를 받으러 다녔다. 한 스님이 쓰러져가는 집을 방문했을 때 한 아기의 어머니가 이렇게 말했다.

"저희 집에는 아무것도 시주할 것이 없습니다. 이 아이라도 괜찮다면 받아주십시오."

하지만 스님은 어떻게 사람을 받을 수 있느냐며 거절하고 돌아왔다. 드디어 종이 완성되어 타종을 한다. 그런데 이상하게도 소리가 나지 않았다. 그날 밤, 스님의 꿈에 한 노인이 나타나 이렇게 말한다.
"산 아기를 넣어 종을 만들어야 소리가 난다."

꿈을 깬 스님은 그 여인을 찾아갔다. 그러자 여인이 말했다.
"부처님과의 약속이니 기꺼이 아이를 드리겠습니다."

그 아이는 곧 뜨거운 쇳물에 넣어졌고, 마침내 종이 완성되었다. 타종을 하자 종에서는 이제껏 들을 수 없었던 웅장한 소리가 울려 퍼지기 시작했다. 그러나 백성들에게는 그 종소리가 마치 아기가 어머니를 애타게 부르는 소리 '에밀레~ 에밀레~'로 들렸던 것이다. 이때부터 그 종은 '에밀레종'으로 널리 불리게 되었다.

*

더 깊은 청산

경허 선사가 승려로서의 마지막 시절 애제자인 한암漢岩과 함께 범어사를 떠나 해인사로 가는 길 도중에 다음과 같은 노래를 지었다.

안다는 것의 가벼움이여, 이름만 떠다니는구나
세상은 위태롭고 어지럽기만 한 것을
모를 일이여, 어느 곳에 가히 몸을 감출 것인가
어촌이나 술자리 그 어느 곳에 몸 숨길 곳 없을까마는
이름을 감출수록 이름이 더욱 새로워질까
다만 그를 두려워하노라

진실로 덕이 있다면 이름을 감추려고 할수록 이름은 더욱 새로워질 것이다. 우리는 잊혀짐을 두려워해 자꾸 이름을 드러내려 하지만, 덕이 없다면 부질없는 일이다. 경허의 가르침처럼 도道에 들수록 오히려 잊혀지지 않는 법이다.

*

경허 선사(1849~1912) _우리 나라 근대 선불교를 중흥시킨 인물. 전주에서 나서 아홉살 때 과천 청계사로 출가했다. 1879년 옛 스승 계허를 찾아가던 중 폭우를 만나 나무 아래 앉아 밤을 새다가 생사의 이치를 깨닫고 동학사로 돌아와 3개월 동안 면벽하여 '생사불이生死不二'의 깨달음을 얻었다. 1904년에 안변 석왕사의 오백나한개금불사의 증사가 되었다가 자취를 감추었으며, 그 후 박난주로 이름을 고치고 머리를 기르고 유관儒冠을 쓴 모습으로 갑산, 강계 등지를 돌아다니며 기행을 남겼다. 1912년 4월 갑산에서 입적했다. 저서로 『경허집』이 있다.

다가올 모든 것을 긍정합니다

다그 하미슐드(1905~1961)는 스웨덴의 경제학자이자 정치가로 1953년 유엔 사무총장이 되었던 사람이다. 그는 한국전쟁 후 우리 나라의 분쟁을 해결하기 위해 노력했던 민족의 은인이기도 하다. 1961년 9월 콩고의 내분을 해결하기 위해 현지로 가던 중 잠비아의 산중에서 항공기 사고로 사망했으며, 바로 이 해 노벨평화상을 받았다.

그가 남긴 말 중에 짧지만 우리에게 도움이 되는 다음과 같은 말이 있다.

"지나간 모든 것에 감사합니다. 그리고 다가올 모든 것을 긍정합니다."

*

단순함

악㤊은 단순하다.
나쁜 습관이 바로 죄이며 악이다.
선善은 단순하다.
좋은 습관이야말로 바로 덕德인 것이다.
＊

느리게, 빠르게, 그러나 지나치지 않게

런던 필하모니가 차이코프스키의 〈비창〉을 연주할 무렵이었다. 그 유명한 비창의 제1악장을 연주하기 위해 오케스트라의 전 단원이 긴장하면서 젊은 지휘자의 지휘봉을 쳐다보고 있을 때, TV 화면에 다음과 같은 자막이 올라가고 있었다.

'제1악장. 느리게, 빠르게, 그러나 지나치지 않게.'

차이코프스키는 '느리게'라고 주문하고 있으면서도 그 느리게의 정도를 분명히 기록하고 있지 않다. 그러므로 차이코프스키가 말하는 느리게의 정도가 어느 정도의 속도인지 정확

하지 않은 것이다. 어떻게 차이코프스키는 이런 요구를 할 수 있을까. 느리고, 빠르게 연주하라니. 게다가 그것도 지나치지 않게라니…….

*

차이코프스키Pyotr Il'ich Chaikovskii(1840~1893) _러시아의 작곡가. 법률학교를 졸업하고 관리가 되었다가, 1860년 안톤 루빈스타인이 주재한 음악교실에 입학했다. 서유럽 낭만주의 음악의 정신과 기교를 도입하여 러시아 민요의 표현방법을 조화시켜, 넘치는 열정과 비장하며 극적인 내용, 감미롭고 우아한 서정성, 명쾌한 구성 및 교묘한 악기 용법의 많은 명곡을 남겼다. 대표작으로 〈사계〉, 〈호두까기 인형〉, 〈비창〉, 〈백조의 호수〉 등이 있다.

보지 말아라

초기 그리스도교의 교부敎父들은 사막에서 살았다. 한 교부가 사막을 지나, 수많은 도시를 지나 알렉산드리아에 이르렀다. 도착한 그에게 한 제자가 물었다.
"스승님, 여기까지 오시는 동안 그 많은 사막을 지나고, 강을 건너고, 도시를 거쳐 오면서 무엇을 보셨습니까?"
제자의 그 질문에 그는 간단하게 대답했다.
"아무것도, 아무것도 보지 않았습니다."
우리는 너무 많은 것을 보고, 듣고, 알려고 하며 관심을 보인다. 그러나 분명한 것은 한 가지뿐이다.

위대함은 단순함 속에 있다. 화려한 말과 달콤한 말들은 속임수에 지나지 않는다.

*

기계 공포증

나는 기계에 대한 본능적인 공포가 있다. 내게 영세를 주신 박 신부님은 기계 백치 증세에 대해 보기 좋게 핀잔을 주어 나무란 적이 있다. 그것은 기계에 대해 정신적 시간적 투자를 하지 않기 때문이라는 것이다. 두려움이 있으면 그것을 그냥 단순히 불안해 할 것이 아니라 직시하고 대처함으로써 그 두려움을 극복할 수 있는 것처럼, 기계에 대한 공포는 그것을 피하고 도망치는 일종의 게으름이라는 분석이었다.

불안은 일종의 도피현상이며 일종의 게으름이다. 현대인들이 쓰기 좋아하는 단어인 스트레스도 어떤 정신적 게으름에서 비롯되는 것이다. 일을 하고 있는 자신과 도망가려고 하는 자신과의 괴리현상. 이 거리가 멀수록 스트레스는 심해진다. 내가 본능적으로 느끼는 기계에 대한 불안도 기계에서 도망치려는 마음과 기계를 다루어야 한다는 현실적인 의무감과의 대립에서 오는 이중심리 때문이다.

도망치기보다는 냉정하게, 시간과 정성을 들여 해결하려고 할 때, 불안은 비로소 사라질 것이다.

*

아, 젊은 날의 초상

사소한 것에도 괴로워하고, 하찮은 일에도 슬퍼하고, 내 모습이 싫고 창피해서 거리를 걸어 다닐 수 없었던, 아, 고민 많고 외롭고 답답했던 젊은 날의 초상肖像들이 슬그머니 그리워진다. 바로 그러한 슬픔들은 그만큼 순수했기 때문이요, 오늘날 내가 아무런 고민 없이 살만 찌는 것은 그만큼 뻔뻔스러운 도야지가 되어가고 있기 때문이다.

고민하라.

누구보다 더 고민하고, 보다 많은 열등의식에 사로잡혀라. 그것이 보다 큰 사람, 보다 행복한 사람으로 만들어준다.

*

기쁨은 작은 일에도 감사하는 마음

기쁨은 작은 일에도 감사하는 마음에 있다. 천국과 지옥은 우리가 죽은 후 심판받는 사후의 세계가 아니라 바로 현실 그 자체이다. 작은 일에도 감사하고 작은 것도 나눠 먹으며, 남을 울리고 칭찬하고 비난하기에 앞서 어루만져주는 소박한 마음에서, 우리는 이 지상을 천국으로 만들 수 있는 열쇠를 얻게 되는 것이다.

'감사하는 마음'이야말로 행복의 열쇠이다. 이것을 알지 못하면 우리는 끊임없이 남을 의심하고, 증오하고, 상처 주는 지옥의 세계를 벗어나지 못하게 될 것이다.

*

노인과 청년의 차이

인간은 나이에 의해서 늙는 것이 아니라 이상을 상실함으로써 늙어버린다. 아흔 살의 나이에도 사랑에 대한 열정과 생에 대한 호기심으로 가득 차 있다면, 그는 더 이상 노인이 아닌 청년인 것이다.

*

활자 중독

문자는 우리에게 중독현상을 일으킨다. 무의식적으로 우리는 책과 신문 같은 활자매체에 의해서 정보라는 이름의 쓸모없는 지식을 쌓아서 곧 문자의 노예가 된다. 그러므로 우리들은 결국 자신의 의견이 아닌 남의 의견을 흉내 내는 앵무새가 되는 것이다.

참다운 지혜는 우리가 아는 그 모든 쓰레기 지식들을 버릴 때 시작된다. 옳음과 그름, 좋고 나쁨, 착하고 악함, 미워함과 사랑함, 똑똑함과 어리석음, 나와 너와 같은 분별들은 결국 비판을 초래하는데, 이 비판은 우리 몸에 축적된 중금속 문자의 중독현상에서부터 비롯되는 것이다.

*

인연

이 세상 모든 만물은 오는 때가 있으면 가는 때가 있고, 피어나는 때가 있으면 지는 때가 있으며, 태어나는 때가 있으면 죽을 때가 있다. 마땅히 사라져야 할 때 사라지지 않는 사람의 모습은 추악하다.

불가에서는 이런 '때'에 대해서 '시절인연時節因緣'이라는 말을 사용한다. 진달래는 봄이 되어서 따뜻한 봄볕의 인연 속에서 피어난다. 그러나 여름이 되면 미련 없이 사라져버린다. 이러한 자연의 질서를 깨뜨리는 것은 오직 우리 인간뿐이다. 인간은 '시절인연'을 가리지 않고 기회만 있으면 피어난다. 그러다가 한번 피어나면 자기의 인연이 다했으면서도 사라지려고 하지 않는다.

*

난장이가 쏘아 올린 작은 공

『난장이가 쏘아 올린 작은 공』은 1970년대 소설가 조세희가 쓴 작품이다. 산업사회에서 소외된 현대인들을 꼽추, 앉은뱅이, 난쟁이로 상징화시킨 이 작품에서 작가는 의미심장한 질문을 던지고 있다.

"수학 선생님이 묻는다. '두 아이가 굴뚝 청소를 했다. 한 아이는 얼굴이 새카맣게 되어 내려왔고 또 한 아이는 깨끗한 얼굴로 내려왔다. 어느 쪽의 아이가 얼굴을 씻을 것인가.' 한 학생이 대답한다. '얼굴이 더러운 아이가 씻을 것입니다.' 그러자 선생님이 대답한다. '틀렸다. 얼굴이 더러운 아이는 깨끗한 얼굴을 한 아이를 보고 자기도 깨끗하다고 생각한다. 이와 반대로 깨끗한 얼굴을 한 아이는 상대방의 얼굴을 보고 자기도 더럽다고 생각할 것이다. 그러므로 얼굴이 깨끗한 아이가 얼굴을 씻을 것이다."

우리는 자신들의 죄를 보기보다는 상대방의 죄를 보기가 더 쉽다. 따라서 더러운 얼굴을 한 아이가 깨끗한 얼굴을 한 아이를 보고 자기도 깨끗하다고 생각하고 세수를 하지 않는 것처럼, 정작 죄를 씻어야 할 사람들은 자신이 깨끗하다고 믿고 있는 경우가 많다.

*

가짜 목걸이

모파상은 프랑스의 노르망디에서 태어난 소설가이다. 그가 남긴 작품 중에서 「목걸이」라는 유명한 단편소설이 있다.

마틸드는 호화로운 생활을 꿈꾸며 사는 여자였다. 그러나 그녀의 남편은 말단직원. 어느 날 두 사람은 장관이 주최하는 파티에 초대되었다. 남편은 아껴두었던 돈으로 옷을 사주었다. 그러나 마틸드는 "옷에 장식할 보석 하나 없이 파티에 참석할 수는 없어요"라고 말하고는 친구인 프레스체 부인에게서 값비싼 다이아몬드 목걸이를 빌린다. 파티에 참석한 부인은 누구보다 아름다웠다. 남자들은 누구나 마틸드와 춤추고 싶어 안달이었다. 새벽녘 파티가 끝나고 집으로 돌아왔을 때 마틸드는 자신의 목에서 목걸이가 없어진 것을 발견하게 된다. 어쩔 수 없이 그들 부부는 전 재산을 처분하고 모자라는 돈은 빚을 얻어 빌렸던 목걸이와 똑같은 물건을 사서 프레스체 부인에게 돌려줄 수밖에 없었다. 그리고 나서 두 사람은 빚을 갚기 위해 10년이나 고생을 하게 된다. 마침내 빚을 다 갚았을 무렵 우연히 프레스체 부인을 만나게 되자 그동안 있었던 일을 고백하게 된다. 얘기를 다 들은 프레스체 부인은 이렇게 말한다. "나한테 돌려준 그 목걸이 값을 갚느라 10년이나 고생을 했단 말이에요? 이를 어째, 마틸드, 그 목걸이는 싸구려 가짜였어요."

인생이란 좋은 보석 하나를 찾아다니는 것에 비유할 수 있을 것이다. 그러나 우리가 찾아다니는 보석은 대부분 모파상의 소설처럼 가짜인 것이다. 그 보석은 가짜이므로 오히려 진짜보다 더 화려하며, 하룻밤의 무도회에서는 샹들리에 불빛 아래서 눈부시게 반짝일 것이다. 가짜 목걸이에 몰려드는 인기와 갈채는 우리들을 황홀하게 만들 것이다. 그러나 그것은 단 하룻밤에 지나지 않는다.

✳

모파상Guy de Maupassant(1850~1893) _프랑스 작가. 노르망디의 미로메닐에서 태어났다. 1869년부터 파리에서 법률 공부를 시작했으나, 1870년에 프로이센과 프랑스 사이에 전쟁이 일어나자 학업을 중단하고 군에 입대했다. 전쟁에 깊은 혐오를 느낀 그는 제대 후 작가의 길을 걷게 된다. 어머니의 친구인 플로베르에게서 직접 문학 수업을 받았다. 플로베르의 소개로 에밀 졸라 등과 친분을 쌓았다. 데뷔작 『비곗덩어리』를 통해 작가로서의 명성을 얻었다. 그 후 10년 동안 300편이 넘는 작품을 쓰는 등 왕성한 창작욕을 보였으나, 1892년 1월 2일 니스에서 자살을 기도, 정신병원에 입원해 이듬해 7월 6일 43세의 나이로 일생을 마쳤다. 대표작으로 『메종 텔리에』, 『피피양』, 『여자의 일생』, 『벨아미』, 『몽토리올』, 『피에르와 장』, 『우리들의 마음』 등이 있다.

실낙원

존 밀턴은 셰익스피어와 더불어 영국이 자랑하는 대시인이다. 대학 시절에는 성직자가 되기 위해 라틴 어를 열심히 공부했으나, 졸업 후 대륙으로 건너가 이탈리아에서 갈릴레오를 만나 우정을 나누기도 했다. 그 후 청교도 혁명으로 공화제가 수립되자 고국으로 돌아와 크롬웰의 비서로 들어가 붓을 통해 군주체제에 강력히 대항하는 투사로 이름을 날렸다. 그러나 그의 노력도 보람 없이 왕정이 복구되자 체포되어 사형을 당할 위험에 처하게 되었다. 뿐만 아니라 그는 과로로 인해 실명하는 비참한 지경에 이르렀다.

기적적으로 처형을 면한 밀턴은 이때부터 전 생애를 통해 구상했던 『실낙원』을 집필하기 시작했다. 『구약성서』를 소재로 아담과 하와의 타락과 낙원 추방을 묘사한 인간의 원죄를 주제로 하고 있는 이 대서사시는 눈이 먼 밀턴이 입으로 구술하고 그의 딸이 받아 쓰는 고통 속에서 완성되었다.

『실낙원』의 처음에 밀턴은 다음과 같은 구절로 자신이 쓰려고 하는 서사시의 주제를 말하고 있다.

내가 시를 쓰는 것은 영혼의 섭리를 밝히고자 함이요,
또한 사람에게 신의 도리를 옳게 전하고자 함이다.
먼저 말하라.
무릇 하늘도 그대의 눈을 가려 숨길 수가 없도다.

비록 정치적으로는 패배해 사형수가 되었고 눈까지 먼 참혹한 지경에 이르렀지만, 그렇다고 하늘이 자신의 눈을 가려 영원한 신의 섭리를 숨길 수가 없음을 깨달은 밀턴은, 신의 도리를 올바르게 전하기 위해 붓 대신 입으로 불후의 명작을 토해냈던 것이다.

*

존밀턴 John Milton(1608~1674) _영국의 시인, 사상가. 대서사시 『실낙원』의 저자로 셰익스피어에 버금가는 대시인으로 평가된다. 작가로서 활동하던 중 청교도혁명을 계기로 정치에 힘을 기울였다. 그러나 그가 참여한 공화제가 실패하고 그 자신도 실명하는 등 불운에 빠지게 되자 다시 작품 활동을 결심한다. 딸의 도움으로 『실낙원』이라는 대작을 구술口述로 완성했다.

실락원 _밀턴의 서사시, 초판(1~10권)은 1667년 간행되었다. 『구약성서』를 소재로 아담과 하와의 타락과 낙원추방을 묘사하고 있다. 서사시라는 일정한 형식에 인간의 원죄와 구원의 가능성이라는 내용을 치밀하게 담고 있다. 아담과 하와를 유혹하는 사탄, 천상의 소식, 에덴 낙원의 축복, 천사 라파엘, 뱀의 유혹, 인류의 구원 등이 전편에 걸쳐 실려 있다.

책 속의 길

어릴 적 일이었다. 토요일 오후, 도서관에 들러 대출 부원으로 서고실에서 근무하고 있는 같은 반 동급생에게, 사장과 여비서가 호텔방에서 뽀뽀하고 껴안는 장면이 많이 들어 있는 소설책을 빌려달라고 졸랐다. 한 주 전에 다른 친구에게 『여배우』라는 책을 소개받은 터였고, 그 삼류 통속소설에는 주인공인 여배우가 뽀뽀하고 껴안는 장면이 많이 나온다고 들었다.

"야, 이 녀석아, 있잖아. 내놔봐."

"안 돼."

철창 안에서 그 녀석이 단호하게 머리를 흔들었다.

"야 임마, 너 정말 안 빌려줄 거야?"

그때였다. 옆자리에 서 있던 사람이 내 손에 들린 대출카드를 집어 들었다. 나는 놀라서 옆 사람을 보았다. 고등학교 3학년 형님이 내 손에 들린 대출카드를 빼앗고 나서 싱글싱글 웃으며 나를 보고 있었다.

"그렇게 그 책이 보고 싶니?"

"……."

나는 중학교 3학년이었으므로 고등학교 3학년 대형님 앞에서 감히 입을 뗄 수가 없었다.

"내가 책 한 권 추천해 주지. 아주 흥미진진한 책이다."

그는 대출카드에 『박씨부인전』이라고 썼다. 그러고 나서 그는 내 머리통에 꿀밤 한 대를 먹이더니 이렇게 말했다.

"보면서 요놈아, 침이나 흘리지 마라."

그가 사라지자 나는 얼른 대출카드를 철창 안으로 들이밀었다. 잠시 후 책이 대출되었다. 나는 적잖이 실망했다. 아주 부피가 작은 볼품없는 책이었기 때문이다. 그러나 나는 그 형님이 나를 속이지는 않았을 것이라고 철석같이 믿고, 뜨거운 침을 꼴깍 삼키며 그 책을 읽기 시작했다.

책은 옛날이야기였다. 오래전에 읽어서 기억이 잘 안 나지만 만담 형식의 이야기책이었다. 물론 『고금소총』이라는 음담소설책을 구해 읽은 경험이 있으므로, 비록 이야기는 구태의연하고 옛날이야기 식으로 전개되지만 이런 책이야말로 그런 식으로 써 내려간다면 본때 있게 써 내려갈 것이 분명했다.

그러나 유감스럽게도, 그토록 추물이었던 박씨 부인이 결국에는 허물을 벗고 절세미인으로 변신한다는 해피 엔딩의 마지막 장면까지 읽어가는 동안, 자극적인 장면이 나오기는커녕 손목 잡는 장면조차 나오지 않았다.

나는 그제야 그 형님에게 속은 것을 알았다. 물론 처음에는 분해서 속이 뒤집힐 지경이었다. 그러나 결국 그 형이 내게 고마운 충고의 말을 해주었음을 알게 되었다. 나는 그 형님 덕분에 그때까지 접할 수 없었던, 우리 나라 고전소설의 참맛을 알게 된 것이다. 나는 속았을망정 그것으로 독서의 깊이와 방향을 넓힐 수 있었던 것이다.

책은 마음의 뜨락이다. 이 뜨락을 갈아 마음의 밭을 만들면 그 속에서 마음의 양식을 얻을 수 있다. 책을 읽어라. 꼭 골치 아프고 어려운 책을 읽을 필요는 없다. 그저 활자화된 것은 무엇이든 읽어라. 지금이야말로 지식과 경험을 쌓고, 상상 속 세계에서 꿈을 키워나가야 할 시기이다.

진부한 표현이지만 책 속에 길이 있다. 책을 읽고 있는 젊은 사람의 옆얼굴은 아름답고 거룩하다. 에라! 단도직입적으로 이야기하자.

"요놈의 배라먹을 새끼들아, 제발 책 좀 읽어라! 책 읽어서 남 주니?"

거품이며 바람인 것

중국 어느 유명한 절에서 일어났던 일이다. 하루는 절에 살고 있는 모든 스님들이 사역을 나갔다가 예쁜 고양이 한 마리를 발견하게 되었다. 너무나 예쁜 고양이라서 스님들은 서로 고양이를 갖겠다고 다툼이 벌어졌다. 이때 싸움을 지켜보고 있던 고승이 고양이 모가지에 칼을 들이대고 이렇게 물었다고 한다.
"너희들이 내 뜻을 알겠느냐?"
아무도 스님의 질문에 대답을 하는 사람이 없었다. 그러자 스님은 고양이 목을 베었다.

며칠 뒤 멀리 여행을 떠났던 젊은 스님이 여행을 마치고 절로 돌아왔다. 이때 고승은 그 젊은 스님에게 똑같은 질문을 했다. 그러자 젊은 스님은 말없이 발에 신었던 짚신을 꺼내 머리에 얹었다. 이를 본 고승은 이렇게 탄식했다고 한다.
"아아, 네가 며칠만 일찍 왔더라면 고양이 목을 베지 않아도 되었을 것을……."

이 에피소드의 해석은 구구하다. 가장 정확한 해석은 이렇게 전해 내려오고 있다. 고승이 고양이의 목을 베었던 것은 그 고양이를 갖고 싶은 욕망, 욕심, 그것으로 빚어지는 증오심, 질투심, 적의의 마음을 베기 위해 일체의 욕망을 끊어버리라는 뜻이다. 그 고양이가 없었다면 스님들은 그것을 소유하기 위해 서로 싸우지 않았을 것이다. 소유하려는 순간부터 사람의 마음에 갈등과 고통이 스며들게 마련이다. 그러므로 스님은 그 요사스러운 사邪를 벤 것이다.

그렇다면 여행에서 돌아온 젊은 스님이 짚신을 자기 머리 위에 얹은 것은 무슨 뜻일까? '비록 고양이가 인간에게 근심과 걱정과 불안과 욕망을 불러일으키는 존재라 할지라도 그것을 사랑하겠다', '마치 내 몸에서 가장 하찮고 보잘것없는 짚신을 내 머리 위에 두는 것처럼, 그것이 무엇이든지 받들어 존중하고 아끼겠다'는 뜻일 것이다.

같은 욕망을 베는 법에도 두 가지가 있는 것이다. 하나는 그것으로부터 자신을 격리시켜 화근을 베고 남으로부터 철저히 자신을 소외시키는 방법이다. 또 하나는 남을 용서하고 존중하면서 함께 더불어 근심하고 고통을 나누는 방법이다. 두 가지 다 욕망과 불행을 없애는 일이면서도 하나는 남을 베고 해치는 방법이라면, 하나는 남을 용서하고 남을 포용하는 방법이다.

디즈렐리와 매리인

영국의 명재상이었던 디즈렐리와 그의 부인 매리인과의 사랑이야기이다. 벤저민 디즈렐리는 유태인으로 처음에는 작가 지망생이었는데 나중에 눈을 돌려 정치가로서 입신을 하고자 했다. 그러나 1800년 초기의 영국 사회는 이 가난하고 못생긴 디즈렐리에게 따뜻한 손길을 보내지 않았다. 그는 한때 절망에 빠져 자살을 기도하려고까지 했다. 이때 디즈렐리는 한 번 이혼한 경력이 있는 12년 연상의 미망인 매리인을 사귀게 되었다. 디즈렐리가 매리인과 결혼했을 때 런던 사교계는 모두 디즈렐리를 비웃었다. 매리인이 무식한 여인이었기 때문이다.

매리인이 얼마나 무식했는가 하면, 어느 날 손님들이 응접실에 앉아서 조너선 스위프트의 『걸리버 여행기』를 화제로 삼자, 이 무식한 여인이 다음과 같이 말을 했을 정도였다.
"그 걸리버 씨를 우리 응접실로 초대할까요? 누구 그분의 주소를 아는 분이 계시면 가르쳐주세요. 제가 초대장을 보낼 테니까요."

훗날 디즈렐리가 재상이 되었을 때 한 사람이 물었다.
"선생님은 어째서 한 번 결혼한 전력이 있는 연상의 여인과 결혼하셨습니까?"
그러자 디즈렐리는 대답했다.
"오, 물론 지금의 나라면 누구하고든 결혼할 수 있을 것입니다. 하지만 당시에 나에게 사랑과 관심을 기울여준 사람은 오직 매리인뿐이었습니다."

*

거짓 사랑

우리는 사랑에 대한 거짓과 오해와 편견 속에서 살고 있다. 이 세상은 우리에게 거짓 사랑을 부추기고 거짓 사랑을 미화함으로써, 우리를 성의 노예로 만들거나 사랑을 소유하려 하는 미친 광기에 젖어들게 하여 우리를 비참하게 만든다.

영혼의 집

헨리 데이비드 소로는 미국 매사추세츠에서 태어난 특이한 작가이자 사상가이다. 스물다섯 살이 되던 해 소로는 호반으로 들어가 손수 통나무집을 짓고 최소한의 짐만 지니고서 2년 2개월 동안 은둔생활을 하게 된다. 이때의 기록이 『숲속의 생활』이란 산문집인데, 그는 사색을 하는 중에 인간이 얼마나 탐욕에 눈이 어두워 참으로 아름답고 소중한 시간들을 놓치면서 헛된 것에 매달려 온 인생을 마치게 되는지를 깨닫게 된다.

몇 년 전 영화 〈죽은 시인의 사회〉에서도 인용된 다음과 같은 구절은 현대인의 정신에 맑은 영혼의 샘물을 적셔준다는 평가를 받고 있다.

'내가 숲으로 들어간 것은 생을 음미하며 유유하게 살고 싶어서였다. 죽는 순간에 헛된 삶을 살지 않았다는 것을 깨닫기 위해서였다. 인생이란 너무나 소중한 것이어서 참된 삶이 아닌 삶은 살고 싶지 않았고 결코 스스로 체념하면서 살고 싶지 않았다. 나는 삶의 정수를 마음껏 빨아 마시며 깊이 있게 살아가고 싶었다. 참 삶이 아닌 것은 모두 뿌리치고 최소한의 것만 갖고 살면서 참된 삶의 의미를 찾고 싶었다.'

*

지옥에 머물라

동방교회의 성인인 실안Silouane은 1866년 중앙러시아의 탐보프에서 태어나 스물여섯 살이 되던 해 아토스 산에 들어가 죽을 때까지 산 속에 살면서 남의 눈에 띄지 않는 평수사로 살았다. 그는 죽을 때까지 '겸손'에 대해서 묵상했으며 완전한 겸손을 향해 끊임없이 정진했다.

"겸손한 사람은 이미 적을 이긴 것이다. 자기는 마땅히 지옥에 머물러 있어야 할 죄인이라고 생각하는 사람에게는 악령이 가까이하지 못하며, 또한 마음속에 어떤 나쁜 생각도 갖지 못한다."

그는 '완전한 겸손'이야말로 '완전한 사랑'이라고 생각했다. 겸손에 대해서 끊임없이 충고한 실안은 겸손이야말로 사랑이라고 확신하면서 우리에게 이렇게 노래하고 있다.

"사랑이 크면 클수록 고통의 느낌도 커진다. 사랑이 넓으면 넓을수록 지식이 풍부해진다. 사랑이 열렬하면 열렬할수록 생활은 청정해진다."
*

용서의 전문가

중세 이탈리아의 화가 페루기니는 독실한 가톨릭 신자였지만 평소의 고백성사에 대해서 많은 회의를 품고 있었다. 그래서 그는 벌을 받을까 봐 겁이 나서 고백성사를 보고 싶은 생각이 들 때는 아예 성사를 보지 않겠다고 결심했다. 왜냐하면 다만 벌을 받을까 봐 하게 되는 고백성사는 하느님의 징벌을 막아주는 보증서로 전락하여 하느님의 자비보다는 사제의 사죄에 대해 더 신뢰하게 될 위험성이 있기 때문이었다.

그러다 마침내 임종을 맞게 되었다. 이때 그의 부인이 고백성사를 안 보고 죽는 것이 두렵지 않으냐고 물었다. 이때 페루기니는 다음과 같이 대답했다.

"여보, 난 평생 동안 그림을 그리는 화가였소. 나의 전문직은 그림 그리는 일이었고 화가로서 제법 뛰어났었다고 자부하오. 하느님의 전문은 용서하시는 일인데 그 하느님께서 내가 화가로서의 일을 잘 수행해 왔듯이 하느님의 일을 하신다면, 내가 두려워할 까닭이 없지 않겠소."

내가 남을 용서한다는 것은 사랑의 행위인 것 같지만 실은 교만이다. 내가 어떻게 남을 용서할 수 있겠는가. 내가 남을 단죄할 수 없듯이 내가 남을 용서할 수도 없는 것이다.

✳︎

제 목숨을 잃는 사람은 살 것이다

이순신은 우리나라가 낳은 최고의 영웅이다. 임진왜란 때 자신의 몸을 던져 산화함으로써 나라를 구했다. 죽기 1년 전인 1597년, 적의 흉계와 동료들의 모함으로 그는 하루아침에 삼도수군통제사에서 죄인으로 전락하게 된다. 그가 압송되자 지나는 곳곳마다 백성들이 모여서 "사또, 우리를 두고 어디로 가십니까. 이제 우리 모두는 죽었습니다"라고 통곡을 했다. 그는 혁혁한 공을 세워 나라를 위기에서 구했지만 그러한 공로도 아랑곳없이 혹독한 고문으로 죽어가고 있었다.

죽음 직전에 간신히 구제된 이순신은 '백의종군'을 하게 된다. 우리 나라의 전함이 적의 유인전술에 빠져 전멸 상태에 이르게 되자, 이순신은 다시 통제사가 되어 병선 12척과 120명의 군사를 이끌고 133척의 왜군과 맞서 싸워 대승을 거두는데, 이것이 바로 '명량대첩'이다.

이순신은 1598년 11월 19일, 일본으로 퇴각하기 위해 집결한 500척의 왜선과 마지막 결전을 치른다. 이날 전장으로 나서는 병사들에게 남긴 한마디는 그의 마지막 유언이 되었다.

"반드시 죽으려 한다면 살 것이요, 반드시 살려 한다면 죽을 것이다."

*

법삼장

BC 206년, 한나라의 유방劉邦은 항우項羽와 진나라를 쳐부수고 마침내 천하를 통일했다. 유방은 곧 진나라의 서울인 함양에 입성하게 되는데 그는 그곳에서 호사스러운 궁전과 진귀한 재물, 그리고 수백 명의 아름다운 궁녀를 보았다. 유방은 언제까지나 그곳에 머무르고 싶은 생각이 들었다. 그러자 이를 눈치 챈 신하 번쾌가 이렇게 말했다.

"이 재물과 보화와 미녀들이야말로 진나라가 왜 망했는지 말해 주고 있는 것입니다. 여기에 머무르시면 안 됩니다."

유방은 그의 말에 곧 정신이 들었다. 그는 재물과 미녀에 손대지 않고 모든 물건에 봉인을 해둔 다음 각 고을의 대표들을 불러 다음과 같이 선포했다.

"당신들은 오랫동안 진의 가혹한 법률 아래서 괴로움을 당했다. 나는 그대들에게 다음 삼장三章만을 남겨두고 나머지는 모조리 폐기할 것을 약속한다. 즉, 살인을 한 자는 사형에 처하고, 사람에게 상해를 끼친 자는 그에 따라 처벌하며, 남의 재물을 훔친 자 또한 거기에 따라 처벌한다는 이 세 가지이다."

진나라는 법률지상주의 국가였다. 인간의 모든 생활을 철저히 법률 조목으로 규제하고자 했다. 그러다 보니 법률은 점점 복잡해지고 엄격해졌으며, 그에 따라 사람들은 법률의 노예가 되고 말았다. 단지 간단명료한 세 종목의 법률만 남긴 유방의 '법삼장法三章'이야말로 법률이란 최소한의 것으로 최대한의 효과를 내야 한다는 진리를 웅변하고 있다.

유방과 항우 _BC 209년 진승, 오광의 난으로 진나라가 혼란에 빠지자, 유방과 항우는 각각 봉기했다. 항우와 유방은 연합하여 진왕을 죽이고 진나라를 멸망시킨다. 항우는 도성 함양을 불사른 뒤에 팽성에 도읍을 정하여 서초西楚의 패왕이라 칭했고, 유방을 한왕漢王으로 봉해 한중으로 밀어냈다. BC 206년 한왕으로 봉해진 데 불만을 품은 유방이 반기를 들어 항우와 패권을 다투었는데 재략이 부족한 항우는 유방에게 밀려 결국 포위되어 자살하고 만다. 사면초가라는 고사성어가 여기서 유래되었다. BC 202년 유방은 황제에 오르고 수도를 장안長安으로 정했다. 유방은 서민 출신이었으나 성격이 대담하고 치밀하며 포용력이 있어, 부하를 적재적소에 활용하는 데 능숙하였으므로 최후의 승리를 거둘 수 있었다. 진나라의 가혹한 법률을 폐지하고 법삼장法三章을 선포하여 민심을 수습했다.

〈하권으로 이어집니다〉